Histórias da
GASTRONOMIA BRASILEIRA

Histórias da
GASTRONOMIA BRASILEIRA
Dos banquetes de Cururupeba ao Alex Atala

**Ricardo Amaral
com Robert Halfoun**

RARA
CULTURAL

2016

Copyright © 2016, Rara Cultural
Copyright © 2016, Ricardo Amaral
Todos os direitos reservados e protegidos pela Lei 9.610, de 19.2.1998.
É proibida a reprodução total ou parcial sem a expressa anuência da editora.

Este livro foi revisado segundo o Novo Acordo Ortográfico da Língua Portuguesa.

Direção editorial
Robert Halfoun

Projeto gráfico, diagramação e capa
Ronaldo Serrano

Pesquisa
Marco Antonio Barbosa

Revisão
Juliana Caetano e Alvanísio Damasceno

Administração do projeto
Gustavo Lacerda e Isabella Pacheco

RARA Cultural
Rua Gal. Garzón, 22 / 504, Jardim Botânico – Rio de Janeiro – RJ – 22470-010
Tel.: (021) 2512-0348 – rara@raracultural.com.br

PATROCÍNIO

"Diz-me o que comes
e te direi quem és.",
Jean-Anthelme Brillat-Savarin,
epicurista e gastrônomo francês,
autor de *A fisiologia do gosto*,
obra-certidão-de-nascimento
da gastronomia.

AGRADECIMENTOS

Sempre sonhei reunir boas histórias para traçar um perfil da nossa gastronomia. Com meus 75 anos, senti que tinha chegado a hora. Minha trajetória foi simples, sempre contei com bons professores. A primeira foi a Ana, cozinheira da casa de meus pais, que me ensinou a fazer o trivial, mas bem sofisticado. Seu cuscuz-paulista, por exemplo, é de deixar saudades. As balas puxa-puxas, feitas de coco, são inesquecíveis. Ana foi quem me iniciou; depois, na vida foram tantos os mestres... Aos 21 anos, a temporada de quase um ano em Roma foi decisiva! Voltei apaixonado por gastronomia.

Alguns grandes profissionais que trabalharam para mim no correr da vida foram fundamentais: nosso Claude Lapeyre, o Claude Troisgros, o Jacques Maximin, meu sócio e amigo José Hugo Celidônio, a grande estrela americana Mattew Kenney.

Os aprendizados nas viagens gastronômicas internacionais foram essenciais. Pude exercitar minha curiosidade de forma plena. Meu amigo e companheiro de vida e de guias, Boni, que considero o melhor chef amador do mundo, foi sempre meu grande guia e professor. Recentemente fui apresentado à gastronomia de boteco. Passei a frequentar e a admirar profundamente. Desta vez, meu guia e professor foi o Juarez Becoza.

Minha gratidão a todos eles por compartilharem seus conhecimentos.

O encontro com o editor de gastronomia Robert Halfoun marcou a decisão dessa realização. Ceg – Gas Natural Fenosa acreditou no projeto e nos proporcionou a possibilidade de editar este livro. Um passeio e uma homenagem àqueles que escreveram a história e aos seus grandes herdeiros e continuadores.

Ricardo Amaral

AGRADECIMENTOS

Um livro como este, com tamanha quantidade de pesquisa, só acontece quando há muito, muito interesse por um assunto. Quando a gente é apaixonado por ele.

E como nós, epicuristas, amamos a arte de comer bem, não é mesmo? Para nós, a boa mesa (e o que está em torno dela) é tudo. É o máximo! Incluindo as histórias sempre saborosas contadas ali (e aqui) e as pessoas queridas com as quais dividimos momentos de tanto prazer.

Meu pai, Eli Halfoun, foi quem me mostrou, ainda criança, qual é a graça dessa brincadeira. Desde muito cedo, nos grandes restaurantes do Rio e de São Paulo, fui me encantando com o tilintar de louças, talheres e taças, com a dança de garçons e cumins, com a descoberta de receitas e sabores. Mal sabia ele (ou sabia?) o quanto toda essa trajetória é importante para mim e como a minha vida, perdoe o trocadilho, tem muito mais gosto por causa disso. Muito obrigado, pai.

Agradeço ainda a Ricardo Amaral, pelo privilégio de participar desta empreitada ao seu lado. E a Marco Antonio Barbosa, a Ronaldo Serrano e a toda a equipe envolvida na produção dessa obra.

Robert Halfoun

Sumário

Prefácio 19

Os banquetes de Cururupeba
Surge o primeiro pilar da gastronomia brasileira 22

Cabral, palmitos e camarões
O capitão e seus marujos colocam
Portugal e Brasil nas caçarolas. 32

Tinham tempero os escravos do Martim
Africanos impactam, de forma definitiva,
a maneira de se alimentar no Brasil. 42

D. João e o arroz com feijão
Povo copia hábitos da Corte e rei dita moda no país inteiro. 52

A coxinha do monarca mimado
Capricho de Antônio de Orleans e Bragança,
o salgado ganha as ruas 62

R. C. M., o cozinheiro imperial
Chef, que não era chef, lança o primeiro
livro de receitas publicado no Brasil 72

Constança, Anna Maria e os doces de mãe para filha
Primeiros registros de receitas açucaradas
têm não uma, mas duas autoras 82

Paulo Salles, o misterioso cozinheiro fantasma
Um impressionante compêndio sobre
os bastidores das cozinhas brasileiras. 92

Frieiro vai além do pão de queijo
Eduardo Frieiro faz o primeiro
estudo histórico sobre a culinária mineira **102**

Seu Peres, o peixe e a banana verde
Pescador ajuda a manter viva a tradição da cozinha caiçara **112**

O bolo dos Sousa Leão
D. Rita de Cássia Sousa Leão Bezerra Cavalcanti
faz história na culinária pernambucana **122**

Manuel Querino conta o que a Bahia tem
Ele codifica as receitas, ingredientes
e significados da gastronomia da sua terra **132**

O chucrute do Dr. Hermann Blumenau
Guia de orientação para imigrantes germânicos **142**

Carlo Cecchini traz a Itália para um Brasil franco-português
Paesano de espírito empreendedor
põe pizzas e espaguetes na mesa do brasileiro. **152**

Albino Ongaratto põe o espeto para correr
Rodízio de carnes nasce no dia
em que garçons trocam os pedidos **162**

A feijoada completa de João Alves Lobo
Português gente boa cria a versão definitiva do prato nacional **172**

O sonho de Ruggero Fasano
Milanês arquiteta planos de abrir seu primeiro restaurante. **182**

Como era gostoso o apartamento da Myrthes
Pratos encantadores da professora
lhe rendem citação no Senado Federal. 192

A bela sacada de Robert Falkenburg
Tenista americano deixa as quadras para
abrir a primeira grande lanchonete do Brasil 202

Toninho do Momo põe ainda mais sabor na comida de botequim
Baixa gastronomia vira febre botequeira por todo o país 212

Max, o barão austríaco, chega e muda tudo
Max von Stuckart apresenta clássicos da culinária internacional . . 222

Ofélia é a nossa Julia Child
Ofélia Ramos Anunciato cria o primeiro
programa de receitas da TV brasileira 232

A pena afiada de Apicius
Roberto Marinho de Azevedo Neto
é o legítimo decano de nosso jornalismo gastronômico 242

Paul Bocuse, o lendário chef francês, desembarca por aqui
Um dos maiores *chefs de cuisine*
da história traz jovens talentosos e criativos. 252

O Brasil de Alex Atala
Chef encanta o mundo com um
Brasil nunca antes visto até pelos brasileiros 262

Chefs do Brasil

Quem faz a história contemporânea da gastronomia brasileira

Laurent Suaudeau	**274**
Claude Troisgros	**280**
Luciano Boseggia	**286**
Roland Villard	**292**
Roberta Sudbrack	**298**
Mara Salles	**304**
José Hugo Celidônio	**310**
Helena Rizzo	**316**
Jun Sakamoto	**322**
Edinho Engel	**328**
Rodrigo Oliveira	**334**
Thiago Castanho	**340**
Nelsa Trombino	**346**
Jefferson e Janaína Rueda	**352**
Manu Buffara	**358**
Kátia Barbosa	**364**
Ana Luiza Trajano	**370**
Shin Koike	**376**
Thomas Troisgros	**382**
Onildo Rocha	**388**
Renata Vanzetto	**394**
Rafael Costa e Silva	**400**
Claude e Ricardo Lapeyre	**406**

Receitas

Moqueca capixaba	29
Paçoca salgada	30
Compota de caju	39
Carne assada com cachaça	40
Angu de milho verde com frango caipira	49
Acarajé	50
Galinha cabidela	59
Batida de coco	60
Coxinha	69
Coxa-creme da Colombo	70
Bacalhau com banana-da-terra	79
Vatapá	80
Cocada	89
Pé de moleque	90
Mingau paulista	99
Pernil de javali assado	100
Pão de queijo	109
Feijão-tropeiro	110
Azul-marinho	119
Caldeirada caiçara	120
Bolo Sousa Leão	129
Baião de dois	130
Caruru	139
Cuscuz de coco	140
Marreco assado	149

Chucrute	**150**
Cordeiro à caçadora	**159**
Paleta de cordeiro assada	**160**
Picanha no espeto	**169**
Farofa de banana grelhada	**170**
Feijoada completa	**179**
Picadinho carioca	**180**
Cotoletta alla milanese	**189**
Spaghetti alla carbonara	**190**
Camarão gratinado com queijo e vinho branco	**199**
Crème de tomates	**200**
Milk-shake de Ovomaltine	**209**
Queijo com banana	**210**
Farol de milha	**219**
Bolinho de arroz com queijo	**220**
Frango à Kiev	**229**
Strogonoff	**230**
Suflê de queijo	**239**
Macarrão da Ofélia	**240**
Miolo de boi à milanesa	**249**
Cavaquinha com molho de alho	**250**
Filé de cherne com banana caramelizada e molho de passas (por Claude Troisgros)	**259**
Mousseline de mandioquinha com caviar (por Laurent Suaudeau)	**260**
Pato no tucupi (por Paulo Martins)	**269**
Fettuccine de pupunha à carbonara (por Alex Atala)	**270**
Bibliografia	**413**

PREFÁCIO

Para quem é da opinião de que comida é quase religião, a mesa é templo sagrado. Não só pelos sabores, texturas e prazeres servidos ali, mas principalmente pelas histórias que regam e temperam tudo isso.

Comer sozinho é uma chatice. A boa mesa tem comensais gregários e falantes, contando suas experiências (e as dos outros, por que não?), partilhando gostos, opiniões, pensamentos e o saleiro. Há até quem cante e recite poesias!

A ideia ao escrever este livro é convidar os leitores a participar, sentar conosco à mesa. Oferecemos conteúdo farto para desvendar aspectos da gastronomia muito além dos pratos. De onde vem o que comemos? Para onde os talheres estão nos levando? Algumas respostas estão aqui, através de histórias divertidas sobre os grandes personagens que ajudaram a construir os pilares da gastronomia no Brasil. Desde o cacique que adorava comer e promovia banquetes com a essência de muita coisa consumida ainda hoje, até a descoberta de um Brasil amazônico, revelado por Alex Atala – sob influência do grande Paulo Martins – para todo o país e o mundo.

No caminho, passamos por D. João VI; pela Princesa Isabel e um dos seus filhos mimados; pelo cozinheiro fantasma, autor de um dos primeiros compêndios sobre os bastidores da nossa cozinha; e pelos criadores de clássicos como o picadinho carioca e a feijoada completa. Seguimos mexendo um panelão de referências, casos, personagens e receitas que influenciaram tanta gente.

O lendário chef francês Paul Bocuse é ingrediente fundamental na nossa trajetória. A adorável Ofélia Anunciato, apresentadora de *A cozinha maravilhosa de Ofélia*, também. De maneira simples e democrática, ela ensinou algumas gerações a cozinhar, respeitando as tradições, mas provocando a reflexão – palavra-chave no vocabulário de todo bom cozinheiro, não é, Roberta Sudbrack?

A chef, aliás, está entre outros nomes emblemáticos que, atualmente no comando de alguns dos grandes restaurantes do Brasil, dão sequência aos passos dados pela cozinha nacional até aqui. Ao todo, contamos a trajetória de 23 chefs, mas há tantos outros a serem citados, espalhados por todo o país... Cada um deles com sua origem, suas predileções, suas referências e – que delícia! – os casos que fizeram, fazem e farão *As histórias da gastronomia brasileira*.

Bom apetite!

I

Os banquetes de Cururupeba

Neles surgem grande variedade de técnicas e ingredientes da culinária indígena – o pilar da gastronomia brasileira, junto às influências africanas e portuguesas.

Em tupi-guarani, o significado literal da palavra cururupeba é "sapo achatado", daqueles que incham o papo quando coaxam. Mas também significa "diabo". Era comum dar essa denominação a indivíduos coléricos e voluntariosos, como certamente era o caso dos índios tupinambás, então habitantes da região equivalente ao atual estado da Bahia. Estavam entre os primeiros a entrar em contato com os conquistadores portugueses que aportaram por lá em 1500.

Cururupeba era o nome indígena da ilha hoje conhecida como Madre de Deus, situada a 19 quilômetros de Salvador. Era ainda o nome de guerra do líder dos tupinambás daquelas paragens, que por muito tempo comandou a resistência aos avanços dos colonizadores. Cada vitória na luta contra os portugueses era comemorada com banquetes, nos quais Cururupeba e seus seguidores exibiam a variedade de técnicas e ingredientes da culinária indígena – pilar original da gastronomia brasileira, formando um tripé com as influências africana e portuguesa. Nesta viagem pela história da nossa cozinha, o cacique bem que poderia ocupar o papel de protagonista mais ancestral.

Sabe-se que as mulheres da tribo eram incumbidas de cultivar e preparar os vegetais, enquanto aos homens cabia a caça, a pesca e o fogo usado para assar carnes. Assim como os demais povos nativos da costa brasileira, os tupinambás tinham a mandioca como base da alimentação. O tubérculo costumava ser comido inteiro, assado ou cozido, ou como farinha (após secar ao fogo e ser ralado), servindo também para fazer diversos tipos de massas e pães. A tapioca – goma da farinha

Um dos frutos favoritos do cacique guloso era o caju, que era fermentado para virar uma espécie de vinho e tinha suas castanhas transformadas em farinha.

da mandioca – já era conhecida dos indígenas. Por último, mas não menos importante, a raiz era fermentada e usada para fazer bebidas alcóolicas. Os portugueses testemunharam e registraram diversos pileques coletivos movidos a uma beberagem chamada caxiri.

O milho era igualmente apreciado: assado em espigas, transformado em mingau, farinhas e até em forma de pipoca. Assim como a mandioca, o grão era usado para fazer uma bebida alcóolica, o cauim. Grande variedade de frutas silvestres

Cururupeba degustou receitas ainda muito populares entre nós. Da pamonha às moquecas e paçocas salgadas. Entretanto, uma iguaria muito particular do seu cardápio foi vetada, à força, pelos portugueses: a carne humana.

complementava a dieta, incluindo mangaba, araçá, jabuticaba, mamão papaia, jenipapo, pequi e maracujá. O caju era um dos frutos favoritos: virava suco, entrava na composição de bolos e pães, era fermentado para virar uma espécie de vinho e tinha suas castanhas transformadas em farinha.

Peixes grandes e mamíferos, como porcos-do-mato, queixadas, veados, macacos e antas eram abatidos a flechadas. Os bichos costumavam ser assados inteiros, com pele e tudo, e depois destripados, pois as vísceras eram muito apreciadas.

Os métodos de preparação incluíam assados sobre brasas (em fogo de chão) e cozimentos em panelas de barro ou fornos subterrâneos, os chamados biaribis. Para conservar e preservar a caça, os tupinambás também secavam carnes e peixes, numa preparação chamada de moquém.

Não existem registros específicos sobre a relação de Cururupeba com a primitiva culinária de seus pares. Ele certamente degustou diversas receitas que, cinco séculos depois, continuam muito populares entre nós: pamonha, curau, a já citada tapioca, pirões (de milho e de mandioca), moquecas e cozidos de peixes e crustáceos, paçocas salgadas e até métodos

Os banquetes de Cururupeba - I

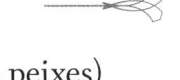

de cozimento como os assados (vegetais, carnes e peixes) envoltos em folhas de bananeira. Técnicas e ingredientes incorporados, pouco a pouco, ao cotidiano dos colonizadores portugueses, mesclando-se e adaptando-se.

Entretanto, outra iguaria muito particular do cardápio tupinambá foi vetada, à força, pelos portugueses: a carne humana. Os combates entre as tribos eram frequentes, e os vencedores das batalhas realizavam rituais nos quais repartiam a carne dos prisioneiros, em festas regadas a muito caxiri e cauim. Em meados do século XVI, Mem de Sá, então governador-geral do Brasil, decidiu enquadrar as tribos rebeldes e, usando de armas de fogo, capturou Cururupeba e o levou, amarrado e indefeso, a Salvador. Serviu como exemplo do que aconteceria a qualquer índio que ousasse enfrentar os colonizadores. A derrota, no entanto, não desandou o inevitável processo de mistura entre as culturas indígena e portuguesa, que passava pela cozinha.

RECEITA

Moqueca capixaba
(sem influência da culinária africana)
(4 porções)

Ingredientes

- 1 kg de peixe fresco
- 1 cebola picada
- 4 tomates maduros picados
- 2 maços de coentro bem picado
- 1 maço de cebolinha verde bem picada
- 1 limão
- 3 colheres de sopa de suco de limão
- 3 colheres de sopa de azeite
- Poucas sementes de urucum ou uma pitada da versão em pó (colorau)
- Sal a gosto

Modo de preparo

- Limpar bem o peixe, cortar em postas e deixar em uma vasilha com sal e suco de um limão. Conservar por pelo menos uma hora
- Separar a cabeça para o pirão
- Na panela de barro, colocar azeite, cebola, coentro, tomate e urucum
- Em seguida, arrumar as postas do peixe uma do lado da outra, sem sobrepor
- Não adicionar água ou sal
- Cozinhar em fogo brando e, quando abrir fervura, colocar uma colher de sopa de suco de limão. Tampar e não deixar ferver, caso contrário o peixe endurece
- Dez minutos depois, corrigir o sal e cobrir com coentro picado
- Tirar do fogo e servir na própria panela, acompanhada de arroz branco, pirão de peixe e molho de pimenta

RECEITA

Paçoca salgada
(4 porções)

Ingredientes

- 200 g de farinha de mandioca Biju
- 400 g de carne de sol desfiada
- 1/2 cebola roxa picada em tiras
- 6 colheres de sopa de manteiga de garrafa
- Cebolinha a gosto
- Sal e conserva de pimenta malagueta a gosto

Modo de preparo

- Em uma frigideira, colocar a manteiga de garrafa e dourar aos poucos a cebola
- Colocar a carne e deixar dourar
- Regar com mais manteiga de garrafa e dourar
- Acrescentar a cebolinha picada
- Colocar a farinha e, logo em seguida, retirar do fogo.
- Corrigir com sal, se achar necessário
- Temperar com conserva de pimenta malagueta
- Em um pilão, socar a mistura até que a paçoca esteja bem incorporada e úmida
- Finalizar com cebolinha picada

II

Cabral, palmitos e camarões

Depois de oferecer comida portuguesa aos nativos que viviam por aqui, o capitão e seus marujos descobrem um mundo de sabores nunca antes degustados. E dá-se a fusão luso-brasileira nas caçarolas.

"Deram-lhes ali de comer: pão e peixe cozido, confeitos, fartéis, mel e figos passados. Não quiseram comer quase nada daquilo; e, se alguma coisa provaram, logo a lançaram fora. Trouxeram-lhes vinho numa taça; mal lhe puseram a boca; não gostaram nada, nem quiseram mais."

(Trecho da carta de Pero Vaz de Caminha ao rei D. Manuel I, datada de 1º de maio de 1500)

Não constam nos livros de história evidências de que Pedro Álvares Cabral tenha sido um glutão, ou que tivesse qualquer interesse por gastronomia. A tripulação da expedição que, sob seu comando, chegou à costa da Bahia, em 22 de abril de 1500, não contava com regalias alimentares: as refeições eram à base de biscoitos de água e sal, e todo o resto, como doces e carnes salgadas, estritamente racionado. Entretanto, é muito simbólico Cabral ter feito questão de ofertar uma amostra da comida portuguesa aos primeiros índios que encontrou. Aquele inédito encontro de civilizações, por intermédio do paladar, representou o marco zero da formação da gastronomia brasileira. E sem a audácia do capitão português, que atravessou o oceano Atlântico para descobrir o Brasil (ainda que sua intenção original fosse chegar às Índias, mas tudo bem), nada disso teria acontecido.

Nascido em 1467, em Belmonte, minúsculo vilarejo lusitano, Cabral era de família nobre. Enviado à Corte em Lisboa ainda adolescente, foi feito fidalgo, aos 17 anos, por D. Manuel I. Pouco se sabe de detalhes de sua vida e trajetória antes da expedição ao Brasil, exceto o fato de ser um sujeito grandão (mais de 1,90 m), cortês, prudente e tolerante. Pode-se afirmar, com certeza, que sua missão em 1500 tinha a ver com comida. Ao menos indiretamente. Afinal, a ideia da Corte portuguesa era encontrar uma rota alternativa para as Índias, de onde saíam as cobiçadas especiarias: pimenta-do-reino, açafrão, noz-moscada, gengibre, canela, anis-estrelado... Só que, como todo mundo sabe, a frota deixou Lisboa em 9 de março e acabou parando no Brasil, em vez de chegar ao

> **Pero Vaz de Caminha cita em sua carta a fartura de crustáceos no litoral e os palmitos da terra. "... entre os camarões vinha um tão grande e tão grosso, como em nenhum tempo vi tamanho."**

Oriente. Além da descrição da primeira refeição ofertada aos nativos, Pero Vaz de Caminha ainda cita em sua carta a fartura de crustáceos no litoral ("...acharam alguns camarões grossos e curtos, entre os quais vinha um tão grande e tão grosso, como em nenhum tempo vi tamanho") e a qualidade dos palmitos da terra ("...Ao longo dela há muitas palmas, não muito altas, em que há muitos bons palmitos. Colhemos e comemos muitos deles").

As navegações trouxeram coqueiros e bananeiras para cá. Vinho, cerveja, cebola, azeite, queijos e peixe seco (bacalhau) vinham de Lisboa. Os engenhos de cana fortalecem as compotas e dão origem à cachaça.

Ricardo Amaral com Robert Halfoun

Cabral e seus marujos trouxeram ao Brasil o primeiro gostinho dos ingredientes e das técnicas culinárias europeias, formando com isso o segundo pilar de nossa gastronomia tradicional. Os índios não tinham o hábito de criar animais, e os portugueses introduziram a criação de bois, patos, galinhas, porcos e gansos. O sal também foi legado lusitano para a comida feita aqui: usado como tempero, também era indispensável para conservar carnes. Algumas adaptações fizeram-se necessárias: o trigo europeu, por exemplo, não resistiu aos solos encontrados pelos primeiros desbravadores. Para fazer bolos, pães e outras massas, os portugueses lançaram mão da farinha de mandioca feita à moda indígena. O moquém dos tupinambás fazia as vezes do fumeiro, aparato usado para defumar carnes e peixes.

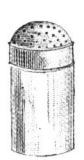

Nas décadas subsequentes à chegada de Cabral, a cozinha portuguesa abrasileirada seria enriquecida com ingredientes até então desconhecidos: cacau, urucum, castanha-do-pará, guaraná. As navegações entre o novo continente e a África promoveram um intercâmbio alimentar. Coqueiros e bananeiras foram trazidos para a América do Sul, e os africanos

Cabral, palmitos e camarões - II

ganharam a mandioca e o amendoim. Vinho, cerveja, cebola, azeite, queijos e peixe seco (bacalhau) vinham da metrópole. Com a fundação dos primeiros engenhos de cana, não apenas surge grande sortimento de doces e compotas de frutas, mas também as primeiras cachaças, que substituíram a bagaceira portuguesa. Na mesma época chegavam ao Brasil os primeiros escravos africanos... mas, essa é uma história para o próximo capítulo...

RECEITA

Compota de caju
(10 porções)

Ingredientes

- 10 cajus maduros
- 1 l de água
- ½ kg de açúcar
- Pau de canela a gosto

Modo de preparo

- Lavar os cajus sem as castanhas
- Colocar de molho em uma tigela com água fria e reservar
- Colocar a água e o açúcar em uma panela e levar ao fogo alto mexendo com uma colher de pau
- Quando o açúcar dissolver e a calda começar a ferver, parar de mexer e cozinhar até ficar uma calda rala
- Escorrer os cajus e juntar à calda
- Acrescentar o pau de canela
- Quando o doce ferver, baixar o fogo e deixar a calda engrossar, de 50 minutos a 1 hora. Mexer de vez em quando
- Quando a calda engrossar, desligar o fogo
- Guardar o doce numa compoteira ou em potes de vidro, devidamente esterilizados

RECEITA

Carne assada com cachaça

(10 porções)

Ingredientes

- 1 peça de alcatra ou lagarto de 1,5 kg
- 2 colheres de sopa de azeite
- 1 xícara de caldo de carne
- ½ xícara de cachaça
- 1 colher de sopa de manteiga
- 300 g de batatas pré-cozidas cortadas em rodelas
- 2 cenouras cortadas em rodelas grossas
- Alecrim a gosto
- Sal e pimenta a gosto

Modo de preparo

- Temperar a carne com o sal e a pimenta
- Em uma panela, aquecer o azeite e dourar a carne
- Colocar em uma assadeira e regar com o caldo de carne e a cachaça
- Cobrir com papel-alumínio e assar durante 50 minutos, regando de vez em quando com o molho que se forma na assadeira
- Retirar o papel-alumínio, colocar em volta da carne as batatas e as cenouras
- Por cima, acrescentar a manteiga cortada em cubinhos e regar com o molho da assadeira. Voltar ao forno sem o papel alumínio até os legumes dourarem
- Retirar do forno, salpicar o alecrim nos legumes
- Servir com o molho de cachaça que se formou na assadeira

III

Tinham tempero os escravos do Martim

Ao trazer os africanos para cá, Martim Afonso, comandante da primeira expedição colonizadora ao Brasil, não imaginava que estaria interferindo, de forma definitiva, na maneira de uma nação inteira se alimentar.

Mais de 3 milhões de africanos foram trazidos ao Brasil entre os séculos XVI e XIX, para trabalharem como escravos. Aprisionados, oprimidos e segregados, ainda assim ajudaram a compor o mosaico étnico, social e cultural da nossa sociedade. Inevitavelmente, deixaram sua marca na culinária nacional. Você curte acarajé, caruru, vatapá? Aprecia cocada? Gosta de quiabo, inhame, dendê? Melancia, jiló, gengibre? Agradeça aos africanos e descendentes. O português Martim Afonso de Souza foi o primeiro navegante a trazer escravos da África para o Brasil, em 1531, tendo aportado na região de São Vicente. Acabou se tornando o responsável indireto pela início da cultura – e da cozinha – afro-brasileira, o terceiro pilar na construção da nossa gastronomia.

A Martim Afonso foi confiado o comando da primeira expedição colonizadora ao Brasil. São Vicente, cidadezinha que fundou em 1532, é considerada a primeira das vilas brasileiras. Sua armada trazia cerca de 400 pessoas, incluindo um regimento militar, para combater invasões de corsários franceses na costa sudeste da terra recém-descoberta. Numa espécie de compra de mês trazida para a fundação da vila constavam figo, laranja, limão, melão, couve, agrião, espinafre, chicória, mostarda, coentro, trigo, hortelã, cebolinha, manjericão, alho, alfavaca, gengibre, arroz, cana-de-açúcar e temperos da Índia, além de bois, vacas, touros, ovelhas, cabras, carneiros, porcos,

Curte acarajé, caruru, vatapá, cocada? Gosta de quiabo, inhame, dendê? Melancia, jiló, gengibre? Agradeça aos africanos, trazidos à força ao Brasil pelo navegador português.

galinhas e patos. Para o interesse da nossa narrativa, no entanto, o grande feito de Martim Afonso foi ter trazido os primeiros africanos. Daí começou a influência negra na embrionária culinária brasileira, com a introdução de técnicas, ingredientes e temperos até então desconhecidos por aqui.

Os escravos chegavam da África, literalmente, só com a roupa do corpo (ou menos), e precisavam adaptar seus costumes às matérias-primas disponíveis. Na falta do habitual inhame (cultivado posteriormente), por exemplo, usavam a mandioca. Plantaram as primeiras árvores de dendê e dele

A entrada das escravas nas cozinhas das fazendas popularizou os pirões (que os índios já preparavam), ensopados e caldos. O angu, originalmente um pirão de água e farinha de milho, se origina daí.

extraíam o azeite, como substituto das pimentas que costumavam usar. A entrada das escravas nas cozinhas das fazendas e engenhos popularizou os pirões (que os índios já preparavam), ensopados e caldos. O angu, originalmente um pirão de água e farinha de milho, se origina daí. Para suprir as carências alimentares, o hábito da caça tinha como principais alvos tatus, capivaras, cotias e preás, carnes até hoje muito apreciadas nas zonas rurais das regiões Nordeste, Sudeste e Centro-Oeste. Iguarias como gengibre, amendoim, pimentas e leite de coco apareceram.

No sentido inverso, as culturas portuguesa e indígena também influenciaram as receitas dos escravos. As galinhas criadas pelos colonizadores eram, a princípio, estranhas para os africanos. Com o passar dos anos, a ave foi incorporada a algumas das mais tradicionais receitas brasileiras, como o xinxim e o vatapá (que também tinham versões à base de crustáceos ou carnes vermelhas). Já o caruru deriva da união entre índios e negros. A versão indígena era feita com ervas socadas num pilão. Os escravos aprovaram a ideia e incorporaram quiabo, pimenta-malagueta, dendê e, mais tarde, camarões secos e/ou legumes. O acarajé e o abará, originários

Tinham tempero os escravos do Martim - III

de tribos da África Ocidental, eram reflexos da influência árabe – primos-irmãos do falafel, só que trocando o grão-de-bico pelo feijão-fradinho. A diferença entre um e outro é que o acarajé é frito (no dendê, claro) e o abará, cozido em banho-maria, envolto em folha de bananeira.

Vale lembrar que, inicialmente, quase todos esses pratos, verdadeiros clássicos da culinária afro-brasileira (e da baiana, em particular), eram comidos em rituais dos cultos preservados pelos escravos. A lista ainda inclui o acaçá, papa de milho similar à pamonha indígena; o mugunzá, doce de milho branco cozido no leite que ganhou diversas versões regionais e é *hit* em festas juninas; e a farofa, original dos rituais em várias receitas diferentes e hoje presente em praticamente todas as mesas brasileiras...

RECEITA

Angu de milho verde com frango caipira

(4 porções)

Ingredientes

(angu)
- 10 cajus maduros
- 1 l de água
- ½ kg de açúcar
- Pau de canela a gosto

(frango caipira)
- 1 frango caipira cortado em partes
- 1 concha de azeite
- 2 dentes de alho picados
- 1 colher de chá de urucum (colorau) ou açafrão
- 1 cebola ralada
- Cheiro-verde a gosto
- Sal e pimenta a gosto

Modo de preparo

(angu)
- Debulhar o milho
- Em seguida, bater bem o milho e a água em um liquidificador
- Coar o suco, colocar em uma panela e adicionar o sal
- Cozinhar em fogo brando, mexendo sem parar até engrossar
- Servir quente ou frio, como acompanhamento do frango caipira

(frango caipira)
- Numa panela, colocar o azeite, o alho e a cebola, e aquecer até dourar
- Colocar o colorau ou açafrão, o frango caipira e o sal sobre o frango. Deixar refogar, mexendo de vez em quando
- Após refogado, tapar a panela e deixar cozinhar no próprio caldo por cerca de 25 minutos. Tirar a tampa, colocar o cheiro-verde e pimenta
- Servir com o angu

RECEITA

Acarajé
(6 porções)

Ingredientes

(acarajé)

- 1/2 kg de feijão-fradinho quebrado
- 2 litros de água
- 1 cebola grande cortada em 4 pedaços
- 1 litro de azeite de dendê para fritar
- Sal a gosto
- Camarões secos para finalizar

(vatapá)

- 1 xícara de camarões secos dessalgados e sem casca
- 5 pães dormidos fatiados
- 1 litro e ½ de leite
- 200 ml de azeite de dendê
- 200 ml de leite de coco
- 4 dentes de alho picados
- 1 cebola picada
- 1 xícara de cheiro-verde
- Sal e pimenta a gosto

Modo de preparo

(vatapá)

- Colocar o pão de molho no leite por 30 minutos
- Em uma panela, colocar o azeite de dendê, o alho, a cebola, e deixar refogar por 5 minutos. Acrescentar o camarão, o cheiro-verde, o sal, e a pimenta; refogar por 10 minutos, mexendo de vez em quando
- No liquidificador, bater o pão com o leite. Em seguida, acrescentar ao refogado
- Deixar cozinhar por 20 minutos, mexendo de vez em quando
- Acrescentar o leite de coco e deixar no fogo por mais 10 minutos

(acarajé)

- Colocar o feijão quebrado de molho numa vasilha com os 2 litros de água no dia anterior por cerca de 12 horas
- Esfregar bem com as duas mãos o feijão dentro da água para retirar a casca
- Continuar esfregando e enxaguando quantas vezes forem necessárias até retirar toda a casca com as pintas pretas
- Escorrer usando um escorredor de macarrão e reservar
- Colocar o feijão, a cebola e o sal no liquidificador e bater bem até ficar uma massa macia e fina
- Enquanto estiver batendo, acrescentar um pouco de água se a massa estiver dura
- Levar a massa à geladeira e deixar descansar por 1 hora
- Bater a massa com uma colher de pau grande até fermentar ficando branca e leve
- Levar uma panela ou uma frigideira funda com o azeite de dendê ao fogo alto
- Formar bolinhos redondos com o auxílio de uma colher de pau e uma colher de sopa e fritar até ficarem bem dourados
- Cortar ao meio e rechear com molho de pimenta, vatapá e camarão seco
- Servir quente

IV

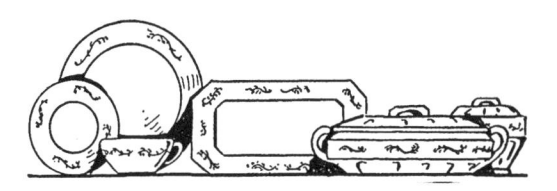

D. João e o arroz com feijão

Índios e africanos não tinham o costume de misturar ingredientes no prato. O rei que adorava frangões, ao contrário, se deleitava com a harmonia do conjunto. Como o povo copiava os hábitos da Corte, ele acaba ditando moda no país inteiro.

Até 1808, o Brasil era colônia de Portugal. Com a transferência da família real portuguesa e sua corte para o Rio de Janeiro, concretizada naquele ano, a colônia iniciou seu processo de emancipação, completado com a declaração da independência por D. Pedro I, em 1822. De modo análogo, pode-se dizer que antes de 1808, formava-se por aqui uma cozinha brasileira, feita da união entre as culturas portuguesa, indígena e africana. Mas o passo inicial para uma gastronomia legitimamente nacional foi dado com a vinda da família real, que promoveu uma revolução nos ingredientes, receitas e modos de servir. E tudo se deve a João Maria José Francisco Xavier de Paula Luís António Domingos Rafael de Bragança, ou D. João VI de Portugal, rei do Reino Unido de Portugal, Brasil e Algarves e imperador do Brasil.

É bem conhecida, folclórica até, a reputação de D. João como bom de garfo. E de faca e de colher. Os retratos oficiais do século XIX mostram um sujeito gordinho, com fama de carregar frangos assados inteiros nos bolsos das casacas. Essa imagem, disseminada por obras de ficção como o filme *Carlota Joaquina – Princesa do Brazil* (1995), vem sendo questionada por historiadores nas últimas décadas. D. João não teria sido apenas um glutão indolente, e sim um estadista afável e com visão de longo prazo, que ajudou a lançar as bases do Estado brasileiro. Mas a preocupação do nobre com a boa mesa também é fato histórico. Há pelo menos uma carta, escrita pelo próprio monarca, em que menciona um jantar no qual degustou "três frangões", registrando elogios a seu cozinheiro particular.

O passo inicial para uma gastronomia legitimamente nacional foi dado com a vinda da família real, que promoveu uma revolução nos ingredientes, receitas e nos modos de servir.

Colhido no fogo cruzado entre Napoleão e o império britânico, D. João decidiu transplantar a Corte lusitana para o Brasil no final de 1807. Àquela altura, o exército francês já estava às portas de Lisboa, e a partida da família real (mais agregados, outras famílias nobres, criados, funcionários públicos e militares) se deu às pressas. A viagem foi difícil, mas ao

O lusitano guisado de cabidela, muito em voga na Corte, era feito com uma galinha inteira, incluindo cabeça, pés, vísceras e penas! No Brasil, D. João aprovou versão mais "leve" com molho à base do sangue da ave, misturado a vinagre.

Ricardo Amaral com Robert Halfoun

final, em 22 de janeiro de 1808, a expedição aportou na baía de Todos os Santos, em Salvador. A partir do desembarque de D. João no Rio de Janeiro, em 8 de março, os recém-chegados começaram a modificar, decisivamente, a culinária local.

A mesa dos fidalgos misturava a tradição portuguesa – fartura, variedade e informalidade – com a etiqueta e as regras de serviço importadas da França. Muitos dos produtos favoritos da família real – presuntos, paios, chouriços, queijos do Alentejo e de Montemor, passas, figos e amêndoas do Algarve, sardinhas, castanhas piladas, ameixas e azeitonas -, não estavam disponíveis. Para provê-los, surgiram as primeiras lojas de importados no Rio. Demorou um pouco para o paladar luso incorporar alimentos locais como a mandioca (*in natura* ou como farinha), o milho e o feijão-preto. Mas a lenta adaptação valeu a pena. A disseminação do arroz com feijão, a mais típica das misturas da mesa brasileira, aliás, se deve à chegada dos comensais de Lisboa. E a dupla se popularizou devido à predileção de D. Pedro I pela simplicidade do conjunto, impensável segundo costumes indígenas e africanos, que não misturavam dois tipos de alimento num mesmo prato.

Do lado dos portugas, a aclimatação se estendia a receitas e modos de preparo, dando origem a outros ícones tupiniquins. Um exemplo é o guisado de cabidela, prato lusitano muito em voga na corte e que incluía, originalmente, uma galinha inteira,

D. João e o arroz com feijão - IV

da cabeça aos pés, com todas as vísceras e até as penas! No Brasil, D. João provou e aprovou a forma nacional de fazer o prato, que incluía um denso e escuro molho à base do sangue da ave, misturado ao vinagre. Nascia nossa clássica galinha à cabidela, ou ao molho pardo, prato que não raro estava na mesa do monarca. Assim como as indefectíveis mangas e goiabas, as frutas locais favoritas do rei que, por isso mesmo, logo se tornariam *hits* nas feiras. Naquela época, o que os poderosos comiam rapidamente se tornava febre na sociedade. E foi assim que uma, digamos, excentricidade de D. Carlota Joaquina, esposa do rei, ganhou as ruas. Ela adorava colocar doses de aguardente de cana nos sucos de frutas frescas, e então, misturava vigorosamente e tomava. A nossa popularíssima batida estava criada!

RECEITA

Galinha cabidela
(4 porções)

Ingredientes

- 1 galinha* cortada em partes
- Sal, urucum (colorau), pimenta-do-reino e cominho em pó a gosto
- 3 colheres de sopa de óleo
- 1 cebola picada
- 3 dentes de alho picados
- 1 pimentão picado
- 2 tomates sem sementes picados
- 2/3 xícara de água
- 100 ml de sangue de galinha

Modo de preparo

- Temperar a galinha com sal, colorau, pimenta e cominho
- Aquecer o óleo e dourar a cebola e o alho
- Acrescentar o pimentão e o tomate. Refogar bem
- Colocar o frango temperado e a água para cozinhar
- Quando o frango estiver cozido e o molho reduzido, misturar o sangue e mexer até ferver
- Retirar do fogo e servir

Se comprar a galinha viva, recolher o sangue em um prato, misturar com um pouco de vinagre e mexer com um garfo para não talhar.

RECEITA

Batida de coco
(4 porções)

Ingredientes

- 1 lata de leite condensado
- 50 gramas de coco ralado fino
- 120 ml de água
- 250 ml de leite de coco
- 350 ml de cachaça
- Açúcar a gosto
- Gelo a gosto

Modo de preparo

- Bater bem no liquidificador o leite condensado, o leite de coco, a água e o coco ralado
- Acrescentar a cachaça e bater por mais 1 minuto
- Acrescentar açúcar se achar necessário
- Servir gelado ou em um copo com gelo

V

A coxinha do monarca mimado

Diz a lenda que o salgado se popularizou a partir de um capricho de Antônio de Orleans e Brangança, um dos filhos da Princesa Isabel.

A variedade de salgadinhos brasileiros, em formatos, recheios e formas de preparação, é notável. Ainda assim, entre todos há uma rainha incontestável: a coxinha de galinha. O petisco é degustado nos quatro cantos do país, ganhou versões inusitadas nos últimos anos e granjeou fãs ilustres no mundo todo. Sabe-se que as bolinhas de massa frita, modeladas aproximadamente no formato de uma coxa de frango e recheadas com a carne do peito da ave desfiada fazem sucesso desde o século XIX. O que não se sabe com certeza é a identidade do criador do salgado.

Os antecedentes históricos da coxinha brasileira são franceses. O chef e historiador da gastronomia Marie-Antoine Carême apontou que, no século XVIII, já existia um tira-gosto chamado *croquette de poulet*, ou croquete de frango – uma coxinha em tudo, exceto no nome. Preparava-se uma massa quase cremosa com farinha de trigo e caldo de frango; esperava-se esfriar e faziam-se pequenos bolinhos, recheados com carne de frango desfiada. Até o formato era igual: Carême ensinava que o salgadinho deveria ser moldado na forma de uma pequena pera. Os bolinhos eram empanados em farinha de rosca e fritos em óleo quente. O cardápio afrancesado, servido aos nobres portugueses na época da transferência da corte de Lisboa para o Rio de Janeiro, certamente incluía o croquete de frango. Uma adaptação do salgado constava do livro de receitas português *Cozinheiro moderno*, editado em 1780, espécie de fundamento básico da cozinha da corte lusitana.

> **O filho da princesa só comia coxas de frango. Certa vez, na falta do artigo original, a cozinheira da corte pegou restos de frango, empanou e tratou de fazer o quitute com o osso enterrado nele.**

Essa relação com a família real está na origem de uma conhecida lenda sobre a coxinha. O petisco seria o favorito de um dos filhos da princesa Isabel, Antônio Gastão de Orleans e Bragança, sujeito mimado e chatíssimo para comer. Nas refeições, basicamente só comia coxas de frango. Certa vez, na falta do artigo original, a cozinheira da corte pegou restos de frango, empanou e tratou de fazer o quitute com o osso enterrado nele para agradar ao rapaz. Conseguiu. Daí se teria iniciado a popularização da coxinha, uma vez que a

Princesa Isabel também adorou a coxinha e a incluiu nos banquetes reais. Antes disso, há lendas que atribuem a invenção do quitute a uma tribo amazônica, ou mesmo a uma técnica de uso de sobras usada pelos escravos.

própria Isabel a aprovara, incluindo-a nos banquetes reais. Outras lendas atribuem a invenção do quitute a uma tribo amazônica ou a uma técnica de reaproveitamento de sobras usada pelos escravos. As anedotas, apócrifas, não têm fundamento histórico.

Na verdade, a coxinha caiu mesmo no gosto do povão a partir da segunda metade do século XIX, no início da industrialização do estado de São Paulo. Começou a ser produzida em massa, como alternativa mais econômica ao frango frito, em padarias, confeitarias e carrinhos nas portas das fábricas. O salgadinho permitia o aproveitamento de sobras de frango e estendia a vida útil da matéria-prima. Os operários aprovaram de cara. No começo do século XX, uma versão mais refinada e encorpada encantou os cariocas: a coxa-creme, criação da Confeitaria Colombo. Eram pernas inteiras (coxa e sobrecoxa) de frango, cozidas, banhadas numa espécie de bechamel feito com caldo de galinha, leite e amido de milho, empanadas e fritas por imersão. A receita tornou-se um clássico da Colombo e é servida até hoje, com direito a cópias genéricas em incontáveis lanchonetes brasileiras.

A coxinha do monarca mimado - V

Na segunda metade do século passado, a coxinha tornou-se preferência nacional. Diversos bares, Brasil afora, gabam-se de servir "a melhor coxinha do Brasil", e versões menos ortodoxas testam a curiosidade dos comensais. O requeijão tornou-se adereço quase obrigatório junto ao frango desfiado. Há restaurantes em São Paulo que servem até 50 (!) variações, incluindo modificações na massa (de batata, mandioquinha, fubá...) e nos recheios, que hoje podem ser de rabada de boi, joelho de porco, carne de rã ou palmito. É possível degustá-la em versão micro, servida em copinhos e comida como se fosse pipoca. Ou embarcar nas viagens contemporâneas de chefs como Alex Atala, que serve uma coxinha líquida, ou Bel Coelho, na versão desconstruída, com bocadinhos de frango, farofa e catupiry para serem comidos de uma só vez. Ou seja: a coxinha, servida primeiro nas mesas refinadas do império e depois adotada pelo povão, reentrou nas altas rodas.

RECEITA

Coxinha
(20 *porções*)

Ingredientes

(massa)
- 2 xícaras de água
- 2 colheres de sopa de manteiga ou margarina
- 2 xícaras de farinha de trigo
- Sal a gosto

(recheio)
- 1 colher de sopa de azeite
- 2 peitos de frango cozidos e desfiados
- 1 cebola ralada
- 2 colheres de sopa de cheiro-verde picado
- Sal e pimenta a gosto

(para empanar)
- Um punhado de farinha de trigo
- 1 ovo batido
- Um punhado de farinha de rosca
- 1 l de óleo para fritar

Modo de preparo

(massa)
- Esquentar a água com a manteiga e o sal
- Assim que ferver, colocar a farinha de uma só vez e mexer bem, até ficar uma bola de massa homogênea e desgrudar do fundo da panela
- Em seguida, colocar a massa numa superfície lisa e untada e deixar esfriar

(recheio)
- Refogar a cebola no azeite
- Juntar o frango desfiado, o cheiro-verde, o sal e a pimenta
- Cozinhar por alguns minutos e reservar

(coxinha)
- Modelar a massa e rechear com 2 colheres do frango temperado
- Fechar em formato de coxinha e passar na farinha de trigo, no ovo batido e na farinha de rosca
- Fritar em bastante óleo quente e escorrer em papel absorvente

RECEITA

Coxa-creme da Colombo
(10 *porções*)

Ingredientes

(galinha e caldo)

- 10 pernas inteiras (coxas e sobrecoxas) de galinha
- 1 xícara de alho-poró picadinho
- ½ cebola picadinha
- 1 cenoura picadinha
- 1 xícara de aipo picadinho
- 2 folhas de louro
- 20 grãos de pimenta-do-reino inteiros
- Sal e pimenta-do-reino moída na hora a gosto

(creme)

- 1 1/2 l de caldo de galinha
- ½ l de leite integral
- 150 g de farinha de trigo
- 150 g de amido de milho
- 4 gemas
- Sal a gosto

(para empanar)

- 4 claras ligeiramente batidas
- Farinha de trigo o suficiente
- Farinha de rosca o suficiente

Modo de preparo

(galinha)

- Limpar bem as pernas tirando peles e cartilagens. Raspar com uma faca afiada o osso da ponta da coxa para dar um bom acabamento
- Temperar com sal e pimenta-do-reino moída e deixar tomar gosto por pelo menos 1 hora
- Colocar todos os ingredientes do caldo em uma panela e levar ao fogo até ferver
- Adicionar as coxas até elas ficarem totalmente submersas
- Cozinhar em fogo baixo, sem ferver, até ficarem macias
- Retirar as coxas do caldo e deixá-las arrefecerem. Colocá-las na geladeira até ficarem frias
- Coar o caldo e retirar o excesso de gordura

(creme)

- Levar ao fogo o caldo desengordurado e a metade do leite
- Misturar o restante do leite frio com farinha de trigo, o amido de milho e as gemas, passar por uma peneira e despejar sobre o caldo fervente
- Mexer vigorosamente com um *fouet* até formar um creme liso e espesso
- Provar o tempero e corrigir caso necessário
- Retirar a panela do fogo e misturar o creme para abaixar um pouco a temperatura

Finalização

- Segurar cada perna pela extremidade do osso limpo e passar no creme, para obter uma película. Repetir o processo até terminar todas as coxas
- Deixar esfriar totalmente
- Passar na farinha de trigo, nas claras e, finalmente, a farinha de rosca
- Deixar na geladeira por uns 15 minutos antes de fritar em óleo abundante a 160°C até ficarem douradas e sequinhas

VI

R. C. M., o cozinheiro imperial

Personagem capital da nossa gastronomia, o chefe, que não era chef, identificado apenas por suas iniciais, define os caminhos da culinária nacional, no primeiro livro de receitas publicado no Brasil.

"No número das artes úteis e indispensáveis à vida do homem civilisado (sic), uma ha (sic) que, de poucos annos a esta parte, tem marchado com passo gigantesco. Esta é a sciencia culinária (...) Ao Brazil faltava ainda um Tratado especial da arte culinária. (...) O autor de O Cozinheiro Imperial empregou os esforços possíveis para preencher uma tão importante lacuna."
(Trecho do prefácio do livro O *cozinheiro imperial*, editado em 1840.)

A gastronomia brasileira teve uma espécie de Pedra de Rosetta, um texto fundador, que decodificou seus segredos e os preservou para a posteridade. Este marco é o livro *O cozinheiro imperial* ou *Nova arte do cozinheiro e do copeiro em todos os seus ramos*, lançado em 1840, pela Laemmert & Co., na época a principal casa tipográfica do Rio de Janeiro. Nos últimos 175 anos, ficou conhecido, simplesmente, como *O cozinheiro imperial*, nada menos do que o primeiro livro de receitas publicado no Brasil. O volume foi reeditado diversas vezes nos anos posteriores e ganhou uma versão modernizada em 1996. O grande sucesso da publicação, tanto como obra de referência prática quanto como documento histórico, não foi suficiente para desvendar o mistério sobre sua autoria. Personagem de capital importância no desenvolvimento de nossa cultura culinária, o autor do livro é identificado apenas pelas iniciais R. C. M. e pelo título de chefe de cozinha. Nada mais.

Na falta de uma bibliografia formal sobre culinária, restauração e hotelaria, *O cozinheiro imperial* compilou informações básicas, não apenas receitas e ingredientes, mas também

Ricardo Amaral com Robert Halfoun

dicas de etiqueta, observações sobre higiene na cozinha e padrões para receber e servir bem à mesa. Sua origem lembra duas obras anteriores muito influentes na gastronomia portuguesa: *Arte de cozinha*, de Domingos Rodrigues (1680), e *O cozinheiro moderno* ou *Nova arte de cozinha*, de Lucas Rigaud (1780). Assim como estes livros, o volume brasileiro de 1840 trazia uma enorme variedade de receitas (sopas, carnes, peixes, aves, doces), com indicações de uso. Além de uma seção de cardápios sugeridos para ocasiões diversas, combinando os pratos apresentados.

Sem uma bibliografia formal sobre culinária, restauração e hotelaria, o livro compila informações não apenas sobre receitas, mas também dicas de etiqueta e observações sobre higiene.

Muitas das receitas parecem, aos olhos de hoje, bem inusitadas. Como exemplos, os pés de carneiro fritos, os torresmos de coelho ou o guisado particularíssimo, descrito como *um pavão recheado com um ganso recheado com um faisão recheado com um pato recheado com uma franga recheada com uma galinhola...* Entendeu o princípio? Constavam entre os ingredientes diversos itens inadequados para uma

As receitas de carurus, moquecas e vatapás já denotam a miscigenação da culinária ritual africana aos costumes europeus. Algumas ganham o aposto "à brasileira", como o bacalhau com quiabo, maxixe, jilós e bananas-da-terra.

culinária 100% brasileira, como trufas, alcachofras, couves-de-bruxelas, favas e amêndoas. Ainda assim, o pioneiro R. C. M. incluiu diversos pratos que resistiram aos séculos, sujeitos a adaptações.

O angu à brasileira da época incluía miúdos de boi – na verdade, de vaca –, e podia ser preparado com farinha de mandioca ou de arroz, no lugar do consagrado fubá de milho. Há uma profusão de carurus, moquecas e vatapás, revelando a miscigenação da culinária ritual africana aos costumes europeus. Diversas receitas levavam, no título, o aposto *à brasileira*, como uma frigideira de camarões com cajus e um bacalhau acompanhado de quiabo, cebola, maxixe, jilós e bananas-da-terra. Interessante notar que, na relação dos chamados adubos (temperos) preferidos pelo autor, a salsa, a cebolinha e a cebola eram onipresentes e continuam sendo muito usadas ainda hoje. Edições posteriores à de 1840 adicionaram pratos populares, como o tutu de feijão-preto e o feijão com leite de coco.

As pistas sobre a identidade do autor do *O cozinheiro imperial* se perderam no tempo. Historiadores já levantaram a hipótese de R. C. M. não ter sido um profissional de cozinha, uma vez que as receitas, embora razoavelmente bem

R. C. M., o cozinheiro imperial - VI

descritas, não incluíam instruções ou conselhos pessoais ao leitor, sugerindo falta de intimidade com a prática. O título de chefe de cozinha teria sido uma forma de dar credibilidade ao livro, fazendo jus a uma tradição que teve origem na Roma antiga. Um tempero a mais na intrigante história do autor, que inaugurou nossa bibliografia gastronômica... sem pedir crédito por isso.

RECEITA

Bacalhau com banana-da-terra

(6 *porções*)

Ingredientes

(bacalhau)

- 3 xícaras de bacalhau em lascas dessalgado
- 1 cebola grande picada
- 6 dentes de alho amassados
- 2 folhas de louro
- 1 xícara de azeite
- 1/2 xícara de azeitonas pretas fatiadas
- 1/2 pimentão vermelho picado
- Salsinha picada

(purê de banana-da-terra)

- 4 xícaras de banana da terra cozida e amassada
- 2 xícaras de leite integral
- 1/2 xícara de azeite
- 1 xícara de queijo parmesão ralado
- Salsinha picada
- Sal e pimenta a gosto

Modo de preparo

(purê de banana)

- Retirar as extremidades da banana e colocar em água fervente, cozinhando até que estejam macias
- Em uma panela pequena, colocar o azeite, a cebola e o alho. Refogar
- Acrescentar a banana amassada e, aos poucos, acrescentar o leite, em fogo baixo sem deixar de mexer bem
- Quando a banana tiver consistência de purê, colocar o queijo parmesão e misturar até derreter por completo
- Para finalizar, temperar com sal, pimenta e azeite

(bacalhau)

- Em uma frigideira quente, colocar o azeite para esquentar, refogar o alho, a cebola e o louro
- Acrescentar o bacalhau, misturar e deixar cozinhar por 8 minutos
- Acrescentar a azeitona preta, o pimentão, a salsa picada e corrigir o sal

(montagem)

- Em um refratário, fazer uma camada do refogado de bacalhau, cobrir com o purê de banana. Polvilhar com queijo parmesão e levar ao forno preaquecido a 200°C, até gratinar
- Regar com azeite e servir

RECEITA

Vatapá
(*6 porções*)

Ingredientes

- 1 xícara de camarões secos dessalgados e sem casca
- 5 pães dormidos fatiados
- 1 ½ l de leite
- 200 ml de azeite de dendê
- 200 ml de leite de coco
- 4 dentes de alho picados
- 1 cebola picada
- 1 xícara de cheiro-verde
- Sal e pimenta a gosto

Modo de preparo

- Colocar o pão de molho no leite por 30 minutos. Em uma panela, colocar o azeite de dendê, o alho e a cebola. Deixar refogar por 5 minutos
- Acrescentar o camarão, o cheiro-verde, o sal e a pimenta; refogar por 10 minutos, mexendo de vez em quando
- No liquidificador, bater o pão com o leite. Em seguida, acrescentar ao refogado
- Deixar cozinhar por 20 minutos, mexendo de vez em quando
- Acrescentar o leite de coco e deixar no fogo por mais 10 minutos

VII

Constança, Anna Maria e os doces de mãe para filha

Os primeiros registros de receitas açucaradas têm não uma, mas duas autoras: Constança Oliva de Lima assina a obra, tendo como base o acervo da *socialite* Anna Maria das Virgens Pereira Rabello e Gavinho. É que não pegava bem para uma moça de sociedade sair por aí, dizendo-se escritora...

Constança Oliva de Lima teve papel importante na revisão, compilação e organização de centenas de preparações populares, anotadas em cadernos e passadas de mãe para filha. Entretanto, quem de fato pôs a mão na massa, literalmente, e detinha o acervo original dos pratos era Anna Maria das Virgens Pereira Rabello e Gavinho, dama da sociedade fluminense mais conhecida como Sá-Dona. Quando a editora Laemmert & Co., a mesma de *O cozinheiro imperial,* propôs o lançamento de uma coletânea de receitas, em 1851, o nome de Constança ganhou destaque como autora de *A doceira brazileira.*

A culinária portuguesa sempre dedicou um enorme espaço à arte de fazer doces, compotas, bolos e todo o tipo de confeito. Natural que, dado o desenvolvimento da cultura açucareira no Brasil, a partir do século XVII, a tradição doceira lusitana também pegasse por aqui. As receitas foram inicialmente disseminadas por monjas de ordens religiosas, como as clarissas e as beneditinas. A variedade de frutas encontradas por aqui e a fartura de açúcar resultaram em adaptações locais das sobremesas e confeitos lusos, que não tardaram a ingressar no cotidiano de todas as classes sociais. As receitas que davam certo eram registradas em cadernos manuscritos, preservados por gerações, e trocados entre as famílias, numa espécie de rede social da culinária. A ideia por trás de *A doceira brazileira* era, como em *O cozinheiro imperial*, organizar todo aquele material, até então registrado de maneira informal, e apresentá-lo ao público.

As receitas do livro *A doceira brazileira* já traziam iguarias locais, como a cocada e o pé de moleque. Elas conviviam com adaptações de clássicos lusitanos que acabaram se tornando brasileiros também.

Como marco zero da doçaria nacional, o livro trouxe um conteúdo bem amplo, conforme prometia no subtítulo: ou *Nova guia manual para se fazerem todas as qualidades de doces seccos*. Logo no primeiro capítulo, explicou-se o método de depuração e refinação do açúcar, do mel e da rapadura. Em seguida, alternavam-se receitas para massas folhadas, sopas doces, geleias, compotas, cremes, xaropes, caldas, confeitos, conservas (em açúcar e/ou aguardente), licores... Havia até um capítulo ensinando a fazer sorvetes! Muitas das

Na época, as receitas que davam certo eram preservadas em cadernos manuscritos que as famílias trocavam umas com as outras: uma espécie de "rede social" da culinária.

receitas provinham diretamente de livros anteriores publicados em Portugal, mas outras já refletiam o aparecimento de iguarias tipicamente brasileiras, como a cocada e o pé de moleque. Conviviam com adaptações de clássicos lusitanos – bem-casados, arroz-doce, manjar-branco – que se tornaram, com o passar dos anos, brasileiros também.

Para os editores de *A doceira brazileira* era importante que uma mulher assinasse a compilação de receitas. Assim rezava o prefácio do livro: "Foi por isso que nós, impelida (sic) do desejo de sermos útil às nossas patrícias em particular, e em geral a todos os habitantes deste precioso Brasil, produzio (sic) uma collecção ampla de todas as receitas (...) justo era que uma mulher tomasse a peito a empreza de dar à luz do dia uma *Doceira brazileira*." Anna Maria das Virgens tinha pouco mais de 20 anos quando cedeu seu acervo de receitas, legado familiar, para a publicação do livro, já que à época não pegava bem para uma moça de sociedade dizer-se escritora. A solução foi ceder a autoria do livro para a professora Constança, que revisou os escritos de Anna Maria. Nas várias reedições publicadas, a única autora citada permaneceu sendo sempre a educadora, que seguiu revisando e ampliando o conteúdo

Constança, Anna Maria - VII

do livro. Algumas receitas pesquisadas por ela foram incluídas em reedições de O *cozinheiro imperial*, consolidando seu nome como referência na história da gastronomia brasileira.

Sá-Dona, verdadeira proprietária dos lendários cadernos, acompanhou apenas por curto período o sucesso de suas receitas. Morreu aos 24 anos, em 1856, poucos meses antes do lançamento da segunda edição. Sua participação no livro era um segredo aberto: a família tinha orgulho dos saberes culinários e preservou vários exemplares originais. Mesmo sem ter desfrutado publicamente dos louros merecidos, Anna Maria também entrou para o *hall* da fama da nossa culinária.

RECEITA

Cocada
(15 porções)

Ingredientes

- 4 copos de coco ralado em tiras
- 2 copos de açúcar
- 3 copos de água
- 1 pitada de sal

Modo de preparo

- Em uma panela em fogo alto, misturar o coco e o açúcar
- Quando o açúcar caramelar, adicionar a água e deixar cozinhar
- Se necessário, acrescentar mais água até que as tiras de coco fiquem transparentes
- Colocar a pitada de sal e mexer até a massa se soltar da panela completamente
- Em um refratário, criar porções da cocada com a ajuda de uma colher
- Reservar até esfriar

RECEITA

Pé de moleque
(15 porções)

Ingredientes

- 250 g de amendoim torrado e sem pele
- 1 xícara de açúcar mascavo ou rapadura ralada
- 1 xícara de água
- 2 xícaras de açúcar refinado
- Manteiga para untar

Modo de preparo

- Untar um pedaço de mármore de uns 40 x 40 cm, ou separar um tapetinho de silicone
- Aquecer o açúcar refinado e o açúcar mascavo (ou rapadura) numa panela média com 1 xícara de água e, mexendo de vez em quando, deixar no fogo até soltar uma fumacinha esbranquiçada, chegando a um caramelo bem dourado (155°C)
- Retirar o caramelo imediatamente do fogo, misturar com o amendoim e, com cuidado para não se queimar, despejar sobre o mármore untado e deixar firmar por uns 20 minutos
- Com uma espátula, soltar a placa de pé de moleque do mármore, quebrar em pedaços não muito grandes e guardar num pote bem fechado por até 1 semana

VIII

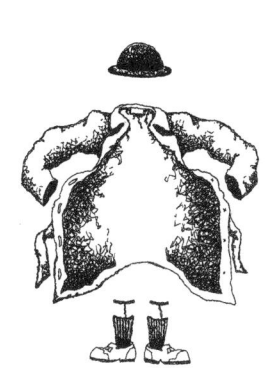

Paulo Salles, o misterioso cozinheiro fantasma

Ele escreve um impressionante compêndio sobre o que passava pelas cozinhas brasileiras, da paçoca de carne-seca aos ovos fritos de tartaruga. Detalhe: ninguém sabe se ele realmente existiu.

Paulo Salles. Quem foi Paulo Salles? Há quem diga que ele nunca existiu. Há também quem defenda ter sido apenas o pseudônimo de renomado cozinheiro da sociedade carioca. Há ainda quem afirme ter servido apenas de fachada para uma equipe de *ghost writers* a serviço da editora francesa Garnier, cuja filial brasileira publicaria, no apagar das luzes do império de D. Pedro II, uma série de livros de culinária em português. O fato é que, em meados da década de 1880, o lançamento de *Cozinheiro nacional* abalou a cultura gastronômica local que engatinhava. A proposta do livro era fazer um contraponto à bíblia culinária vigente, *O cozinheiro imperial*.

O prefácio dava o tom: "Não iremos por certo copiar servilmente os livros de cozinha que pululam nas livrarias estrangeiras, dando-lhes apenas o cunho nacional, pela linguagem em que escrevemos; (...) Nosso dever é outro; nosso fim tem mais alcance; e uma vez que demos o titulo 'nacional' à nossa obra, julgamos ter contraído um compromisso solene, qual o de apresentarmos uma cozinha em tudo brasileira".

Ricardo Amaral com Robert Halfoun

Claramente, uma crítica à influência europeia que permeava *O cozinheiro imperial*. O *Nacional* pretendia fazer jus ao nome: um compêndio definitivo do saber culinário autenticamente brasileiro. Reeditado, ampliado e alterado diversas vezes, o livro permaneceu, por décadas, como nossa principal referência bibliográfica de gastronomia.

> **Reeditado, ampliado e alterado diversas vezes, o *Cozinheiro nacional* permaneceu, por décadas, como nossa principal referência bibliográfica de gastronomia.**

Na edição original, o volume não trazia qualquer menção ao autor, somente o seguinte subtítulo: *Colleccao das melhores receitas das cozinhas brasileira e europeas* (sic) *para a preparação de sopas, molhos, carnes, caça, peixes, crustáceos, ovos, leite, legumes, podins, pasteis, doces de massa e conservas para sobremesa; acompanhado das regras de servir a mesa e de trinchar*. Como a mesma editora lançaria, em rápida sequência, os livros *O manual do gallinheiro*, *Doceira nacional*, *O porco*, *Charcuteiro nacional* e *Fabricação do queijo e da manteiga*, todos creditados a Salles, historiadores apostam que ele também foi responsável pelo *Cozinheiro nacional*.

O livro traz receitas regionais, como a sopa de Santa Catarina e o vatapá (de porco) à baiana. Há ainda outras que causariam arrepios em ambientalistas. A de ovos fritos de tartaruga é uma delas.

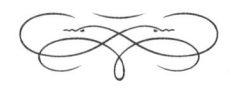

Ricardo Amaral com Robert Halfoun

O texto fazia alusões a ingredientes locais e receitas regionais: sopa de Santa Catarina, mingau de paulista, sopa de cebola à mineira, paçoca de carne-seca à moda do sertão, costeletas de vitela à goiana, vatapá (de porco) à baiana... O autor também deu atenção especial às carnes de caça nativas, incluindo alguns animais hoje ameaçados de extinção, como a onça, o jaguar, o tucano e a arara (fora tamanduás, lontras, cotias, queixadas...). Entre outras receitas de causar arrepios nos ativistas ambientais contemporâneos, há até a de ovos fritos de tartaruga! Em uma seção à parte, foi apresentada a correlação entre vegetais e frutas europeias e seus supostos substitutos brasileiros. Algumas sugestões fazem sentido até hoje, como a troca da batata pela mandioca. Outras, porém, parecem bem forçadas, como substituir uvas verdes por tomates (?!).

Mas o *Cozinheiro nacional* não se restringia ao exotismo puro ou ao nacionalismo exacerbado. Muitas das receitas reproduziam, fielmente, as práticas cotidianas dos lares do século XIX. Exemplos: o arroz refogado à brasileira seguia praticamente o mesmo método caseiro empregado até os dias atuais, assim como a receita primitiva de feijoada, ainda sem

Paulo Salles, o misterioso cozinheiro - VIII

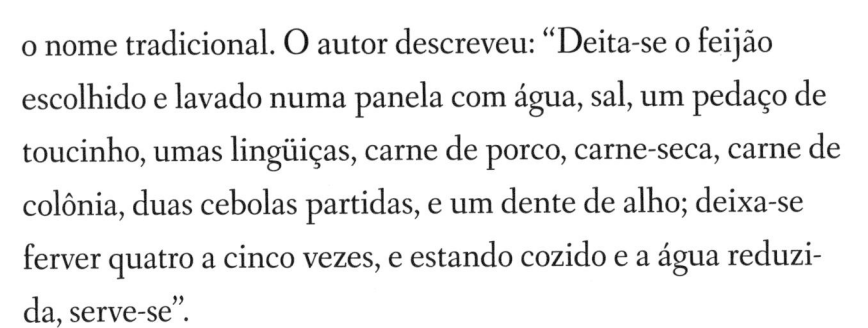

o nome tradicional. O autor descreveu: "Deita-se o feijão escolhido e lavado numa panela com água, sal, um pedaço de toucinho, umas lingüiças, carne de porco, carne-seca, carne de colônia, duas cebolas partidas, e um dente de alho; deixa-se ferver quatro a cinco vezes, e estando cozido e a água reduzida, serve-se".

Se Paulo Salles existiu ou não; se era pseudônimo ou não, até hoje não há consenso. O que se sabe mesmo é que ele não parava de escrever, incluindo tratados sobre criação de bovinos e caprinos, apicultura, salsicharia e jardinagem. O sucesso de seus livros fomentou todo um mercado editorial brasileiro em torno da culinária, puxado pelos lançamentos das editoras Laemmert, Azevedo e Garnier. A mesa brasileira entrava numa nova era, que incluía uma então relativa novidade: o hábito de frequentar restaurantes.

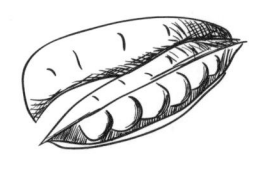

RECEITA

Mingau paulista
(4 porções)

Ingredientes

- 120 g de farinha de milho
- 720 ml de leite de vaca
- 48 g de açúcar
- 1 pitada de sal
- 4 cravos
- 8 g de canela em pó para polvilhar

Modo de preparo

- Colocar a farinha de milho, o leite, o açúcar, o sal e os cravos numa panela e misturar bem
- Levar a panela ao fogo médio para cozinhar por cerca de 15 minutos ou até que a massa fique na consistência desejada
- Despejar em um prato fundo e polvilhar a canela em pó

RECEITA

Pernil de javali assado
(20 *porções*)

Ingredientes

- 1 pernil de javali de aproximadamente 5 kg
- 1 copo de vinho tinto
- Suco de um limão-taiti
- 3 cebolas médias
- 5 dentes de alho
- 5 ramos de alecrim desfolhados
- Um punhado de sálvia
- 1 colher de chá de pimenta
- Sal a gosto

Modo de preparo

- Bater no liquidificador o vinho, o limão, as cebolas e os alhos
- Coar um pouco do molho e injetar a carne através de uma seringa, para dar maior uniformidade ao tempero
- Deixar a carne marinando com o restante do molho (sem coar) e o alecrim por 4 horas de cada lado da carne, resultando 8 horas no total
- Embrulhar a carne em papel-alumínio e deixar em fogo baixo, durante 2 horas e 30 minutos
- Tirar o papel, regar a carne com o caldo e assar por mais 1 hora até dourar

IX

Frieiro vai além do pão de queijo

Pelas mãos de Eduardo Frieiro surge o primeiro estudo histórico sobre a culinária mineira. Ele codifica mais de 200 anos de sabedoria popular e escreve a bíblia de uma das mais importantes culturas gastronômicas brasileiras.

Cinco de julho é o Dia da Gastronomia Mineira. A data poderia ser outra, claro. Poderia ter sido escolhida em homenagem ao desbravador que, no século XVIII, criou a mistura de feijão, farinha, couve e carnes salgadas, o famoso feijão-tropeiro. Ou reservada como tributo à primeira cozinheira a misturar o polvilho azedo ao queijo de minas para criar o hoje icônico pão de queijo. Ou ainda celebrar a memória de quem começou a empregar o milho em uma variedade de sobremesas, do bolo de fubá à canjica. Todos esses pioneiros da cozinha mineira permaneceram anônimos ao longo da história. A data escolhida para marcar o Dia da Gastronomia do estado foi o nascimento de Eduardo Frieiro, em 1889. Professor universitário, escritor, primeiro diretor da Biblioteca Pública de Minas Gerais, Fieiro é o autor do primeiro estudo histórico sobre a culinária mineira, intitulado *Feijão, angu e couve* (1966). Ele codificou mais de 200 anos de sabedoria popular e escreveu a bíblia de uma das mais importantes culturas gastronômicas brasileiras.

O que se entende hoje como o típico cardápio mineiro foi constituído a partir do período das grandes minerações, no século XVIII. Com as dificuldades (físicas e econômicas)

de trazer víveres do litoral, as caravanas que desbravavam o sertão mineiro, fixando raízes pelo caminho, tinham de se virar com o que havia à mão. A mandioca e, principalmente, o milho viravam farinha. A carne, vinda de outros estados, era salgada ou seca e consumida com farinha, em forma de paçoca. Cultivava-se feijão em pequenas roças familiares. Uma profusão de verduras, como a couve, o ora-pro-nobis, a taioba e a chicória, foi agregada. É nessa fase que sobe a estrela de um dos grandes protagonistas da cozinha mineira, o porco. Sua criação foi estimulada porque dele se aproveitava tudo, incluindo a banha, que servia para conservar carnes. Até hoje tem predomínio em relação ao frango e à carne bovina na culinária mineira.

Feijão, angu e couve aborda inteiramente a cozinha mineira desde o começo da colonização do território, no século XVII, até um almoço oferecido ao governador do estado, em 1965.

No século XIX, a mesa do mineiro já contava com muitas das receitas reunidas por Frieiro. Ao adotarem a mistura de feijão-mulatinho amassado com dendê, apreciada pelos escravos, os portugueses adicionaram farinha de milho – e daí veio

O que fazer com todo excedente de leite das fazendas de pecuária? Queijo, uai! Colocado nos bolos, pudins, biscoitos, empada e pratos como o arroz da serra, com carne, vagem e banana-da-terra frita – além do laticínio, naturalmente.

o tutu. O angu, também disseminado pelos negros, ganhava a companhia da couve refogada. O milho, em forma de farinha, bolos ou pirões, estava presente em todas as refeições. Nas casas pobres, imperava o mexido, mistureba de feijão, farinha, verduras e sobras de carne, consumida como primeira refeição do dia, para dar a famosa "sustança". Nos casarões nobres, os assados, incluindo porcos inteiros no espeto, eram os preferidos em refeições encerradas por uma variedade de compotas e geleias de frutas.

Ainda nas primeiras décadas do século XIX, começou a se popularizar a produção de queijos, outra marca registrada da comida mineira. O que fazer com todo aquele excedente de leite nas fazendas de pecuária? Queijo, uai! E não era usado apenas no pão de queijo: havia queijadas, bolos, pudins, biscoitos, arroz com queijo na panela de pedra, empadinha de queijo e arroz da serra ou montanhês, feito com queijo, carne, vagem e banana-da-terra frita. O leite que ainda sobrava era usado nas chamadas "quitandas", uma variedade de doces e guloseimas, assados ou fritos, como biscoitos de polvilho, brevidades, roscas, sequilhos, bolos, broinhas de fubá (ou de amendoim) e mães-bentas.

Frieiro vai além do pão de queijo - IX

Todo esse saber empírico ganhou outro status com o trabalho de Eduardo Frieiro. Filho de imigrantes espanhóis, nascido na cidade de Matias Barbosa, o autor já se destacava na intelectualidade mineira quando começou a pesquisar a culinária de seu estado. O livro *Feijão, angu e couve* era uma obra acadêmica, editada originalmente pela Universidade Federal de Minas Gerais, cujo subtítulo era "Ensaio sobre a comida dos mineiros". Frieiro abordou desde o começo da colonização do território, que se chamaria Minas Gerais, ainda no século XVII, e chegou até um almoço oferecido, em 1965, ao então governador do estado, Israel Pinheiro. Documentou não só pratos típicos e modos de preparo, mas também a generosidade e a fartura tão características da comida mineira, a única consumida de norte a sul do Brasil.

RECEITA

Pão de queijo
(20 porções)

Ingredientes

- 1 kg de goma azeda (polvilho)
- ½ kg de queijo meia cura ralado
- ½ l de leite para escaldar
- 5 ovos
- 2 colheres de sopa de manteiga
- 1 colher de sobremesa de sal
- Leite para o ponto, se necessário

Modo de preparo

- Em uma gamela ou tigela colocar a goma
- À parte, ferver o leite, a manteiga e o sal e jogar sobre a goma para escaldá-la
- Esfarinhar a massa com as pontas dos dedos, acrescentar os ovos e sovar muito bem
- Aos poucos, pingar leite até achar o ponto de enrolar
- Acrescentar o queijo e misturar sem sovar
- Untar as mãos e fazer bolas no tamanho que preferir
- Colocar em tabuleiro e levar ao forno em fogo médio
- Depois de crescer, reduzir a temperatura do forno para os pães de queijo secarem e corarem, por mais ou menos 20 minutos

RECEITA

Feijão-tropeiro
(8 porções)

Ingredientes

- 500 g de feijão-carioquinha cozido e sem caldo
- 200 g de bacon
- 125 g de linguiça de porco
- 125 g de torresmo
- 200 g de carne de sol
- 6 ovos
- 1 xícara de farinha de mandioca
- 1 cebola pequena picada
- 3 dentes de alho picados
- 5 folhas de couve cortadas bem fininhas
- Sal e pimenta a gosto

Modo de preparo

- Cozinhar o feijão em uma panela de pressão e reservar
- Em uma panela grande, colocar o torresmo para fritar. Quando ele estiver bem dourado, reservar e deixar um pouco da gordura produzida por ele na panela, reservando o restante dessa gordura
- Na mesma panela, fritar o bacon até dourar e reservar
- Em seguida, fritar a carne com a cebola e o alho e deixar dourar
- Retirar a carne e fritar a linguiça e reservar
- Refogar a couve na mesma panela e reservar
- Se necessário, acrescentar um pouco da gordura do torresmo para fritar os ovos mexidos e reservar
- Torrar a farinha e, em seguida, colocar todos os ingredientes na panela novamente e misturar
- Quando a mistura estiver bem encorpada, acrescentar o feijão, temperar com a pimenta e servir

X

Seu Peres, o peixe e a banana verde

Filho de um descendente de espanhóis e de uma negra, o pescador aprendeu a cozinhar de forma intuitiva e ajuda muito a manter viva a tradição da cozinha caiçara, criada por um povo que vivia espremido entre o mar e a Mata Atlântica.

Muitas das nossas tradições culinárias foram motivadas por limitações geográficas, econômicas e materiais. A culinária caiçara, típica da região litorânea que vai do extremo sul do estado do Rio de Janeiro até o norte do Paraná, não foi exceção. Os indígenas que lá habitavam antes da chegada dos portugueses viviam espremidos entre o Atlântico, as montanhas da Serra do Mar e a densa Mata Atlântica. Cultivavam o que era possível – mandioca, mandioquinha, milho, bananas –, e ainda coletavam espécies nativas como o palmito. Na falta de opções de caça, recorriam à pesca, pegando corvinas, sororocas, pescadinhas, sardinhas e uma variedade de crustáceos e moluscos. Ao adentrarem a região, no começo do século XVII, os colonizadores tentaram plantar o que já conheciam (trigo, uvas, azeitonas), mas o solo não era propício. Passaram a comer o que os índios comiam. Não muito tempo depois, davam origem às primeiras famílias miscigenadas, cujos filhos seriam chamados de caiçaras.

Se a culinária típica dos caiçaras sobrevive hoje como principal influência de chefs como Edinho Engel, do Manacá, em Camburi, no litoral paulista, isso se deve ao trabalho de artesãos como Antônio Peres, o Seu Peres. Não é exagero afirmar

Ricardo Amaral com Robert Halfoun

que esse pescador, cozinheiro e empreendedor contribuiu de forma silenciosa, mas definitiva para a preservação da gastronomia local. Uma legado que literalmente atravessou o século XX. Nascido em 1910, na praia do Lázaro, em Ubatuba, no litoral norte de São Paulo, Seu Peres nunca deixou a região até morrer, aos 100 anos. Pouquíssimo tempo antes de falecer, continuava trabalhando em seu estabelecimento, batizado apenas de Restaurante do Peres. Também fundou um dos primeiros hotéis da região e transmitiu aos filhos o amor pela cozinha. Peres e a família mantiveram viva a culinária de seus ancestrais, respeitando princípios como a valorização dos ingredientes locais e não industrializados e os métodos de preparo herança de indígenas, europeus e africanos.

Ao adentrarem a Serra do Mar, no século XVII, os colonizadores tentaram plantar o que já conheciam (trigo, uvas, azeitonas), mas o solo não era propício. Passaram a comer o que os índios comiam.

As dificuldades de acesso à região contribuíram para a cultura caiçara se manter relativamente intocada por muitos anos. Ao mesmo tempo, forçavam os habitantes do litoral a

O Restaurante do Peres servia clássicos regionais como a moqueca caiçara, o peixe assado na folha de bananeira, a farofa de camarão e o ensopado de lula e polvo. Eles faziam sucesso e atraíram clientes famosos como os craques Rivellino e Sócrates.

serem criativos com os alimentos disponíveis, uma vez que provisões vindas de fora eram escassas. A chegada dos escravos africanos, a partir do século XVIII, introduziu novos costumes e ingredientes: inhame, quiabo, taioba, pimentas. Estes foram acrescidos à base da alimentação local, formada pelo triunvirato arroz-feijão-farinha de mandioca, tudo bem temperado com colorau, almeirão, salsinha, cebolinha, coentro e alfavaca (condimentos já utilizados pelos índios). Além disso, havia o emprego extensivo de hortaliças e ervas como o cheirão-do-mato, o hibisco, o limão caiçara e a maria-sem-vergonha, as chamadas plantas alimentícias não convencionais (PANCs).

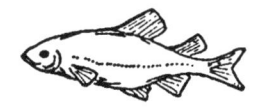

Quando Antônio Peres nasceu, Ubatuba não passava de uma pequena e isolada comarca. Filho de um descendente de espanhóis e de uma negra, Seu Peres ganhou a vida como pescador por muitos anos, quando aprendeu a cozinhar os peixes e frutos do mar de forma intuitiva, aprimorando receitas tradicionais como o azul-marinho – peixe cozido com banana verde –, e o camarão no bafo. Ao inaugurar o Hotel Canoeiro, em meados da década de 1960, já era uma das figuras mais populares de Ubatuba. O Restaurante do Peres, fundado no começo da década seguinte, trazia no cardápio clássicos regionais

Seu Peres, o peixe e a banana verde - X

como a moqueca caiçara, o peixe assado na folha de bananeira, a farofa de camarão e o ensopado de lula e polvo. O sucesso foi grande entre locais e turistas. Com a multiplicação das casas de veraneio e hotéis naquela faixa do litoral, surgiram fregueses famosos, como os craques Rivellino, Careca e Sócrates, que fizeram muita propaganda dos pratos de Seu Peres. Surfando a onda da urbanização da região, os filhos dele, Josué e Ademir, inauguraram o restaurante Peixe com Banana, hoje um dos mais conhecidos da cidade. E isso não é história de pescador!

RECEITA

Azul-marinho
(*4 porções*)

Ingredientes

- 4 postas de peixe
- 3 tomates
- 2 cebolas
- 4 bananas-nanicas bem verdes cortadas em 4 com casca
- 3 dentes de alho roxo
- 2 g de pimenta-do-reino preta moída
- Suco de 1 limão-taiti
- 30 g de coentro fresco
- 30 ml de óleo de milho
- 3 g de sal
- 150 g de farinha de mandioca crua
- 1 pimenta-malagueta

Modo de preparo

(pirão)

- Em uma panela de ferro, cozinhar em 1 litro de água com sal a cabeça e o rabo do peixe por aproximadamente 20 minutos
- Enquanto isso, passar as bananas com casca na panela de ferro untada com óleo
- Em seguida, retirar os pedaços de peixe e juntar as bananas ao caldo
- Deixar cozinhar até que o caldo adquira uma cor azulada e as bananas estejam tenras
- Retirar as bananas, descascar e colocar novamente no caldo

(peixe)

- Temperar o peixe com limão, sal, pimenta-do-reino e coentro
- Em outra panela, refogar o alho no óleo, acrescentar o tomate e a cebola picados, salpicar o sal e refogar rapidamente
- Desligar o fogo, arrumar cuidadosamente as postas do peixe na panela, colocar um pouco de água, tampar a panela e deixar cozinhar sem mexer por 10 a 15 minutos
- Bater no liquidificador a banana com o caldo, até obter a consistência de pirão
- Colocar em uma travessa, dispondo as postas do peixe no meio do pirão
- Salpicar coentro e servir acompanhado de farinha de mandioca à parte

RECEITA

Caldeirada caiçara
(*6 porções*)

Ingredientes

- 1 kg de peixe cortado em postas grossas (de preferência robalo, badejo ou sargo)
- 500 g de camarões médios e limpos
- 500 g de lulas grandes limpas e cortadas em anéis
- 300 g de mariscos já limpos e fervidos, sem a casca
- 2 tomates débora ou caqui, bem vermelhos picados sem pele e sem sementes
- 3 batatas grandes descascadas e cortadas de comprido
- 1 pimentão verde e 1 pimentão vermelho cortados em tiras
- 3 cenouras grandes e limpas, cortadas em palitos
- 1 chuchu descascado e sem a semente, cortado em cubos médios
- 1 cebola grande bem picada
- 3 dentes de alho amassados
- 2 dentes de alho amassados (para temperar o peixe e os frutos do mar)
- Sal e pimenta-do-reino a gosto
- 1 pimenta malagueta ou de cheiro esmagada
- Um punhado de coentro, salsa e um folha de louro amarrados todos com barbante
- ½ xícara de coentro picado
- ½ xícara de salsa e cebolinha picadas
- ½ copo de vinho branco seco
- 3 colheres de sopa de azeite
- 1 colher de sopa de suco de limão

Modo de preparo

- Temperar o peixe, os camarões e as lulas com sal, pimenta-do-reino, alho e limão
- Deitar numa panela de barro o azeite, a cebola ralada e os dentes de alho amassados. Refogar sem dourar em fogo médio
- Acrescentar os tomates e refogar mais um pouco
- Adicionar a trouxa de temperos, a malagueta esmagada, os camarões, as lulas e todos os legumes (batata, cenoura e chuchu) e cozinhar por 5 minutos
- Corrigir o sal, se necessário, e deixar ferver por mais 10 minutos
- Se formar uma água do cozimento, reduzir um pouco. Se não formar, acrescentar ½ copo de água quente
- Adicionar o peixe, os mexilhões e o vinho, e cozinhar por mais 10 minutos sem mexer ou até que a carne do peixe fique cozida sem se desmanchar
- Finalizar com uma pitada de pimenta-do-reino
- Provar a batata e ver se está cozida e firme
- Retirar a trouxa de temperos
- Polvilhar a salsa e a cebolinha por cima
- Servir

XI

O bolo dos Sousa Leão

D. Rita de Cássia Sousa Leão Bezerra Cavalcanti tinha por hábito colecionar receitas de família, com ênfase nos doces. Mal sabia ela que estava ajudando a construir a história da culinária pernambucana, aquela do bolo de rolo, da cartola, do baião de dois e do feijão-de-corda.

A sociedade pernambucana estava em polvorosa em novembro de 1859. D. Pedro II, imperador do Brasil, empreendia uma excursão pela região Nordeste e foi recebido em Recife com honrarias mil. Interessado em conhecer a produção de cana-de-açúcar do estado, o monarca levou a comitiva para a Zona da Mata, onde hospedou-se num engenho pertencente à tradicional família Sousa Leão. Certamente D. Pedro degustou uma das inúmeras iguarias preparadas com o açúcar da terra: o bolo Sousa Leão, receita de família de D. Rita de Cássia Sousa Leão Bezerra Cavalcanti. Mandioca, açúcar, leite de coco, herança familiar: na figura de D. Rita e seu caderno de receitas, temos uma síntese da culinária pernambucana, que só fica atrás da comida baiana quando se fala em gastronomia nordestina tradicional.

Na verdade, muitos dos pratos que compõem a genérica cozinha nordestina vêm de Pernambuco. Entre eles, a carne de sol, o escondidinho – e seu primo, o arrumadinho –, o sarapatel e a buchada, o queijo coalho, a galinha de cabidela, o baião de dois e o feijão-de-corda, as tapiocas, o quibebe... Essas e muitas outras receitas foram difundidas ou aprimoradas a partir da mesa pernambucana. A doçaria local ocupa lugar de

Ricardo Amaral com Robert Halfoun

destaque na geografia gastronômica brasileira. Pernambuco é a terra dos engenhos, a terra do açúcar. Em 1553, já havia gente plantando cana-de-açúcar na Zona da Mata do estado, e a multiplicação dos engenhos, que evoluíram para as usinas açucareiras, impulsionou por séculos a economia daquela região. Natural ter surgido lá algumas das mais antigas receitas de doces tradicionais brasileiros.

> **Pernambuco é a terra dos engenhos – em 1553 já havia gente plantando cana na Zona da Mata do estado. Natural que lá tenham surgido algumas das mais antigas receitas de doces tradicionais brasileiros.**

A família Sousa Leão era originária da cidade de Jaboatão dos Guararapes, vizinha a Recife. Sua riqueza e influência remontam ao século XVII, estendendo-se à política regional e além. Muitos de seus próceres receberam títulos de nobreza e/ou ocuparam cargos na Corte imperial. Como diversas senhoras da sociedade àquele tempo, D. Rita de Cássia Sousa Leão, esposa do coronel Agostinho Bezerra da Silva Cavalcanti, senhor do Engenho São Bartolomeu, tinha por hábito colecionar receitas de família, com ênfase nos doces.

"O bolo Sousa Leão era uma receita para dias de festa", dizia D. Rita, a criadora do doce. Em seu caderno de receitas, especificava que ele "deveria ser servido em finas porcelanas, para coroar ocasiões como a visita de um imperador".

Ricardo Amaral com Robert Halfoun

Sem saber, estava ajudando a construir a história da culinária de seu estado. A receita de D. Rita atravessou os séculos e foi transformada, em 2007, em Patrimônio Cultural e Imaterial de Pernambuco. Figuram ainda na lista o bolo de rolo (rocambole de massa fininha e recheio de geleia de goiaba) também remanescente do século XIX; e a cartola (banana frita na manteiga, coberta com açúcar e canela, servida com queijo).

Já se sabe que muitos dos pratos típicos brasileiros nasceram de adaptações de comidas europeias, seja pela escassez de determinados ingredientes, seja pela abundância de outros. A comida pernambucana não escapou dessa regra. A tapioca, herança dos indígenas, popularizou-se como substituto do pão feito de trigo. O queijo coalho surgiu, há mais de 150 anos, da necessidade de criar um queijo que resistisse ao clima quente do Nordeste. A buchada de bode deriva do maranho, prato feito em Portugal com as vísceras brancas (tripas e estômago) das cabras. Já as vermelhas (pulmão, coração, fígado e rins) deram origem ao sarapatel, feito de porco, que por sua vez era uma adaptação de outro cozido português, o sarrabulho.

O bolo dos Sousa Leão - XI

A saga do bolo Sousa Leão não foi diferente. Sobremesa com sobrenome nobre, o bolo Sousa Leão era uma versão de uma receita portuguesa que, originalmente, exigia farinha de trigo e manteiga francesas. Trazida para o Brasil, foi adaptada: na falta de trigo, entrou a farinha de mandioca. Os laticínios locais, produzidos nos próprios engenhos, substituíram a manteiga europeia. E o que era um bolo acabou virando uma espécie de pudim bem consistente. Consta que cada um dos 11 engenhos da família tinha suas variações próprias para a sobremesa dos Sousa. Era uma receita para dias de festa, e D. Rita, em seu caderno de receitas, especificava que o doce "deveria ser servido nas finas porcelanas disponíveis, para coroar ocasiões especiais... como a visita do imperador".

RECEITA

Bolo Sousa Leão
(10 fatias)

Ingredientes

- ½ kg de açúcar
- 1 xícara de água gelada
- 1 xícara de manteiga
- 1 colher de café de sal
- ½ kg de massa puba (de mandioca, encontrada nas casas de produtos nordestinos)
- 8 gemas
- 1 e 1/2 xícara de leite de coco
- 1 colher de chá de canela
- 1 colher de café de cravo
- 1 colher de café de semente de erva-doce

Modo de preparo

- Em uma panela, colocar o açúcar e a água e levar ao fogo alto, sem parar de mexer, até o açúcar se dissolver e a calda começar a ferver
- Em seguida, deixar a calda ficar em ponto de fio fino, sem mexer
- Retirar do fogo, juntar a manteiga e o sal, misturar bem e deixar esfriar
- Em uma tigela, colocar a massa de mandioca e acrescentar as gemas, uma a uma, alternadas com o leite de coco, amassando bem
- Adicionar a calda fria e mexer
- Acrescentar a canela peneirada, o cravo e as sementes de erva-doce
- Despejar a massa obtida em uma forma untada e leve ao forno médio, entre 170°C e 190°C, preaquecido, e assar até ficar dourada
- Tirar do forno e deixar amornar
- Desenformar e servir frio

RECEITA

Baião de dois
(12 porções)

Ingredientes

- 3 xícaras de feijão-de-corda verde
- 2 xícaras arroz branco agulhinha
- 400 g de queijo coalho
- 1 tomate médio picado sem casca
- 1 cebola picada
- 4 fatias finas de bacon cortadas em quadradinhos
- Coentro fresco, cebolinha e sal a gosto
- Manteiga de garrafa a gosto

Modo de preparo

- Lavar bem o feijão-de-corda e escorrer
- Em uma panela funda comum ou caçarola, colocar o feijão e os cubinhos de bacon para cozinhar em fogo alto com bastante água (suficiente para que o caldo seja usado na preparação do arroz)
- Depois que o feijão estiver cozido, com a água ainda fervendo, adicionar o arroz, a cebola, o tomate, um pouco da cebolinha e do coentro
- Adicionar o queijo coalho em tiras grossas de maneira que fique coberto pelos outros ingredientes
- Reduzir o fogo ao mínimo e tampar a panela
- Quando o arroz estiver secando, polvilhar o restante da cebolinha e do coentro
- Aguardar mais um pouco até o caldo secar totalmente e o arroz estar pronto
- Se desejar, pode regar com um pouco de manteiga de garrafa antes de servir

XII

Manuel Querino conta o que a Bahia tem

Modelo para o personagem Pedro Archanjo, protagonista do romance *Tenda dos milagres*, de Jorge Amado, o baiano Manuel Raimundo Querino é o responsável pela codificação das receitas, ingredientes e significados da gastronomia da sua terra.

Se culinária brasileira se formou sobre um tripé de influências das culturas portuguesa, indígena e africana, na Bahia essa confluência atingiu uma complexidade ímpar, criando uma cozinha absolutamente distinta de todo o resto da região Nordeste e do resto do país. "Há dilatados anos, tive de viajar o norte e o sul do Brasil (...) e nessa demorada excursão interessaram-me os costumes, os hábitos de cada região, em que o sistema alimentar divergia fundamentalmente do da minha terra", contava, em 1922, o baiano Manuel Raimundo Querino. Ele foi uma espécie de homem da Renascença na Salvador dos últimos anos do século XIX: aluno fundador do Liceu de Artes e Ofícios da Bahia e da Escola de Belas-Artes, era também pintor, escritor, líder abolicionista e estudioso da cultura africana na Bahia. Com seus escritos sobre a culinária do estado, foi o responsável pela codificação das receitas, ingredientes e significados da gastronomia local.

"Querino valoriza a história dos povos africanos, estes os verdadeiros colonizadores, coformadores de inúmeros patrimônios vivenciados por todos nós, brasileiros, incorporados aos nossos hábitos e costumes, dando singularidade a este país que se reconhece como o que carrega a mais notável afrodes-

Ricardo Amaral com Robert Halfoun

cendência em suas raízes", escreveu o antropólogo Raul Lody, estudioso da história da comida baiana e criador e curador do Museu da Gastronomia Baiana. Nascido em 1851, descendente de escravos, Querino fez de tudo um pouco. Serviu o Exército e lutou na Guerra do Paraguai; depois, estudou desenho geométrico e tornou-se professor no Liceu de Artes e Ofícios de Salvador. Meteu-se na política e fundou a Liga Operária Baiana. Tantas aventuras fizeram dele o modelo para o personagem Pedro Archanjo, protagonista do romance *Tenda dos milagres*, de Jorge Amado. Mas sua grande paixão era mesmo o estudo da cultura afro-brasileira. Investigou a fundo a formação da culinária baiana, e seus escritos foram compilados no tomo *A arte culinária na Bahia*, editado em 1928, cinco anos depois da morte de Querino.

Querino valoriza a história dos povos africanos incorporados aos nossos costumes e dá singularidade ao país com a mais notável afrodescendência em suas raízes.

No livro, Querino explicou como "proveio a cozinha baiana do regime alimentar português, alterado e melhorado pelo africano". A culinária do estado pode ser dividida em dois grupos

A culinária baiana se divide em dois grupos: a comida do Recôncavo, encontrada no litoral e na capital, Salvador, fortemente influenciada pela cultura africana, e a "comida sertaneja", marcada por referências portuguesas e indígenas.

de receitas: a comida do Recôncavo, encontrada no litoral e na capital, Salvador, fortemente influenciada pela cultura africana; e a dita comida sertaneja, marcada por referências portuguesas e indígenas. Conhecida pelo uso generoso de azeite de dendê, leite de coco, gengibre e pimenta, a cozinha do Recôncavo concentra os mais famosos pratos baianos tradicionais, praticamente todos ligados a rituais religiosos afro-brasileiros. O acarajé, as moquecas, o caruru, o xinxim de galinha, o vatapá e outras receitas, que Manuel Querino chamava de alimentos puramente africanos, foram criações e/ou adaptações de escravos vindos de Angola, Moçambique, Costa do Marfim, Nigéria e Congo.

São pratos como o efó (cozido de folhas de mostarda), o ecuru (massa de feijão-fradinho enrolada em folha de bananeira), o aluá (bebida feita de milho fermentado ou da casca do abacaxi) e o ipetê (inhame fervido com camarão, cebola e pimenta). Nasceram nas senzalas e nos terreiros de candomblé e depois passaram a ser servidos em restaurantes. Nota-se mais a influência portuguesa na vertente sertaneja, que era a

Manuel Querino conta o que a Bahia tem - XII

comida do dia a dia dos baianos, sem as conotações ritualísticas africanas. Aí se enquadra uma profusão de ensopados, como o mocotó, o sarapatel, a feijoada, a galinha ao molho pardo, as peixadas e a maniçoba, além das sobremesas típicas: canjica, cocadas, pé de moleque, paçoca, cuscuz, compotas de frutas e beiju. Uma riqueza gastronômica cantada em prosa por Manuel Querino: "A Bahia encerra superioridade, a excelência, a primazia, na arte culinária do país, resultando daí um produto todo nacional, saboroso, agradável ao paladar mais exigente, o que excede a justificada fama que precede a cozinha baiana".

RECEITA

Caruru

(10 *porções*)

Ingredientes

- 1 kg de camarão fresco
- 250 g de camarão seco
- 1 kg de quiabo
- 100 g de amendoim torrado e moído
- 4 colheres de sopa de óleo
- 1 colher de sopa de azeite de dendê
- 1 cebola
- 3 tomates
- 1 dente de alho
- 1 folha de louro
- 3 colheres de sopa de cheiro-verde
- Sal e coentro a gosto

Modo de preparo

- Descascar e moer os camarões secos
- Raspar com uma faca o quiabo, lavar e cortar em rodelinhas. Separar sete quiabos cortados em rodelas
- Em uma panela, levar ao fogo médio, o óleo, a cebola ralada, o alho amassado, os tomates picados, o coentro e o louro
- Refogar bem e acrescentar os camarões frescos, os secos e o quiabo separado, cortado em rodelas
- Polvilhar o cheiro-verde e deixar cozinhar em fogo brando
- Se necessário, adicionar um pouco de água
- Quando estiver cozido, juntar o amendoim para engrossar
- Cozinhar mais um pouco e finalizar com o dendê

RECEITA

Cuscuz de coco
(*10 porções*)

Ingredientes

Comida

- 500 g de tapioca
- 100 g de coco ralado
- 200 ml de leite de coco
- 700 ml de leite
- Leite condensado para guarnecer

Modo de preparo

- Em uma panela, aquecer o leite, o leite de coco e a tapioca em fogo brando, mexendo suavemente até quase ferver
- Adicionar o coco ralado, desligar o fogo
- Passar o doce para um refratário ou forma de bolo
- Após esfriar, cobrir com o coco ralado grosso para enfeitar e levar para a geladeira
- Servir gelado (se preferir, guarnecer com leite condensado a gosto)

XIII

O chucrute do Dr. Hermann Blumenau

Ele cria guia de orientação para imigrantes germânicos com um cuidado especial em relação aos ingredientes locais mais apropriados ao gosto dos alemães.

"Não convém sobrecarregar-se com sementes (...) pois normalmente estragam antes de serem semeadas. (...) Árvores frutíferas só devem ser trazidas no final de outubro ou novembro. As sementes de temperos e verduras são muito úteis, mas precisam ser acondicionadas com cal em caixotes (...)"

(Dr. Hermann Bruno Otto Blumenau, em seu guia de instruções para os colonos alemães residentes no Brasil, datado de 1851)

Filósofo, químico e administrador, Hermann Blumenau (1819-1899) é considerado o pai da imigração alemã no Sul do país. Após conhecer, em Londres, o cônsul-geral da Alemanha no Brasil, animou-se com a ideia de tentar a vida por aqui. Chegou em 1846, ficou por dois anos e retornou à Alemanha. Em 1850 voltou para ficar, fundando a colônia de São Paulo de Blumenau, comunidade que deu origem à cidade homônima no estado de Santa Catarina, que preserva até hoje os costumes típicos da Alemanha. Foi lá que se cristalizou a ideia que os brasileiros têm da comida alemã: os pratos à base de carne de porco, os embutidos, a salada de batata, os croquetes, o chucrute, o pão preto, a variedade de cervejas e as sobremesas, como o *strudel* de maçã e as cucas recheadas. Sem os esforços do doutor, a história seria bem diferente.

Em números absolutos, a emigração alemã para o Brasil representou menos do que o total de pessoas enviadas por países como Itália, Japão e Espanha. Em compensação, seu movimento começou antes: em 1818, mais de 50 anos antes da intensificação da chegada dos imigrantes europeus, os primeiros alemães já aportavam por aqui. A região Sul do país foi a que mais recebeu gente vinda da Alemanha. Ao chegarem, organizavam-se em núcleos conhecidos como colônias, onde procuravam recriar, da melhor maneira possível, o modo de vida da terra natal. O esforço incluía a reprodução da cozinha germânica típica, e essa preocupação já constava das recomendações feitas pelo Dr. Blumenau em seu guia *As recomendações úteis aos imigrantes que querem viajar para a província de Santa Catarina.*

As famílias que chegavam da Alemanha queriam recriar aqui o modo de vida de lá. Então surgiu o guia *As recomendações úteis aos imigrantes que querem viajar para a província de Santa Catarina*

A vida dos primeiros colonos não era moleza. As orientações do Dr. Blumenau ajudaram os recém-chegados a se aclimatar, e ele tinha um cuidado especial com as recomendações sobre alimentação e os ingredientes locais mais apropriados ao gosto dos alemães. Já que não havia como cultivar centeio, a farinha de mandioca entrou em cena. Para substituir a batata, encontrou-se um tubérculo chamado mangarito, até hoje consumido nas zonas rurais da região Sul, com o qual se fazia uma salada fria com cebolinha verde (precursora da salada de batata dos

O marreco assado, clássico dos cardápios teuto-brasileiros, nasceu aqui, criado pelos mesmos alemães que começaram a cultivar o pepino e o repolho (utilizado em conservas), no sul do país.

bares alemães atuais). A criação de porcos e aves tinha justificativa econômica, por ser mais barata que a pecuária bovina. Do porco, além dos cortes nobres, aproveitava-se praticamente todo o resto em salsichas, incluindo morcelas brancas e escuras (à base de sangue).

A gordura era usada para conservar carnes. O marreco assado, outro clássico dos cardápios teuto-brasileiros, nasceu aqui, mas só era servido em dias de festa – a carne, em geral, era pouca por motivos de economia. Os alemães também conseguiram emplacar o cultivo de vegetais que não eram comuns no Sul, como o pepino e o repolho, ambos utilizados em conservas.

Dr. Hermann Blumenau retornou à Alemanha em 1884, aos 65 anos. A colônia que ajudou a fundar fora elevada à categoria de município, batizado em sua homenagem. Ele não viu a transformação de Blumenau em polo nacional da cultura alemã no país, com a preservação dos costumes germânicos e a criação, em 1984, da Oktoberfest – a segunda maior festa alemã do mundo, atrás apenas da original, em Munique. Por essa época, incontáveis restaurantes e bares em outras regiões do Brasil reproduziam pratos alemães tipo exportação, que não faziam parte do cardápio colonial: *eisbein* (joelho de porco),

O chucrute do Dr. Hermann - XIII

kassler (costeleta defumada), uma variedade de salsichas, bife à milanesa bem fininho (adaptado do *schinitzel* austríaco), marreco assado, almôndegas de carne bovina e patê de fígado com pão preto de centeio. Então, ao degustar um chope e um *kroketten*, lembre-se de brindar à memória do doutor.

RECEITA

Marreco assado
(6 *porções*)

Ingredientes

- 1 marreco de 1,5 kg limpo
- ½ xícara de cebolinha verde picada
- 2 tomates picados
- 4 dentes de alhos picados
- 3 cebolas cortadas em pedaços
- ¼ xícara de salsinha picada
- 2 xícaras de água
- Sal e pimenta a gosto para polvilhar

Modo de preparo

- Temperar o marreco com sal, pimenta e cebolinha verde
- Cobrir e deixar na geladeira de um dia para outro
- No outro dia, colocar a ave em uma assadeira com o peito para cima
- Adicionar ½ xícara de água
- Cobrir com papel-alumínio e levar ao forno a 200 ºC, por 1 hora, ou até começar a dourar, regando a carne com o líquido da assadeira
- Retirar do forno e deixar esfriar
- Cortar a carne em pedaços
- Adicionar à assadeira ½ xícara de água
- Colocar a assadeira sobre a chama do fogão e raspar com uma espátula, para soltar as crostas do cozimento
- Transferir esse molho para uma panela e juntar os tomates, o alho, as cebolas, a salsinha e a água
- Temperar com sal e pimenta
- Levar ao fogo e deixar cozinhar por 30 minutos em fogo baixo
- Passar pela peneira e voltar ao fogo por mais 30 minutos ou até apurar
- Servir o marreco com o molho

RECEITA

Chucrute
(15 porções)

Ingredientes

- 2 repolhos
- Sal
- Louro e cominho moído

Modo de preparo

- Cortar o repolho em tiras de mais ou menos 5 mm de largura e reservar
- Em uma tigela de vidro, cobrir o fundo com uma fina camada de sal. Colocar uma camada de repolho picado sobre ela e outra camada de sal (acrescida do louro e do cominho moído) sobre o repolho
- Socar bem para tirar o ar
- Continuar o processo colocando novas camadas de repolho, sal e tempero e socando para tirar o ar
- Durante o processo, o repolho soltará um líquido que deverá ficar dentro da tigela cobrindo o repolho. O líquido evitará que o repolho estrague durante o processo de fermentação
- Após completar o processo, tampar a tigela e deixar descansando por 60 dias na geladeira, período no qual o processo de fermentação se completa
- Servir após refogado na manteiga por 5 minutos

XIV

Carlos Cecchini traz a Itália
para um Brasil franco-português

No século XIX, quando as casas de pasto viram restaurantes nos moldes franceses, um *paesano* de espírito empreendedor e boa mão para a cozinha põe pizzas e espaguetes na mesa do brasileiro.

O estado de São Paulo recebeu, entre 1880 e 1920, cerca de 70% do contingente de imigrantes vindos da Itália para o Brasil. É por isso que, numa época em que restaurantes ainda eram uma relativa novidade nas cidades brasileiras, com a proliferação de casas servindo especialidades da Itália, todo paulistano já tinha sua cantina do coração. E tudo começou com um *paesano* de espírito empreendedor e boa mão para a cozinha. Seu nome era Carlo Cecchini, fundador do Carlino, primeiro restaurante italiano de São Paulo. Se hoje essa cidade é o centro da gastronomia nacional e se os brasileiros são tão apaixonados por espaguetes, pizzas e risotos, tudo isso tem origem na inauguração do Carlino, em 1881.

No decorrer do século XIX, observou-se uma evolução no perfil das casas de pasto (as antecessoras dos restaurantes) das cidades brasileiras. Eram estabelecimentos derivados das antigas estalagens, buscando atender, basicamente, aos viajantes que não tinham como preparar as refeições por conta própria. O conceito de comer fora ainda era alienígena para os brasileiros. Com a chegada da família real, em 1808, importou-se

Ricardo Amaral com Robert Halfoun

o modelo de *restauration* da França. Almoçar e jantar fora de casa, pagando para ser servido, tornou-se paulatinamente um hábito urbano, valorizado de início pelos mais abastados e depois pela população em geral. Em São Paulo, os primeiros restaurantes de feitio moderno surgem no começo da década de 1880.

> **Se hoje São Paulo é o centro da gastronomia brasileira e se amamos espaguete, pizzas e risotos, o grande responsável por isso é o Carlino, primeiro restaurante italiano da cidade, inaugurado em 1881.**

Carlo Cecchini chegou ao Brasil vindo da Toscana. A região central da Itália enviava, naquele período, milhares de imigrantes para cá todos os anos. Alguns dos pratos mais característicos da gastronomia italiana são de origem toscana: a *pappa al pomodoro* (sopa de pão e tomate), a *ribollita* (ensopado de legumes, verduras e feijão), a *bistecca alla fiorentina*, (bifão típico da capital Florença), e a *trippa alla fiorentina* (parente da nossa famigerada dobradinha). A família Cecchini já se dedicava à culinária na Itália; por isso, ao chegar aqui, a abertura de um restaurante foi um movimento natural. Na época, o Centro era o motor do desenvolvimento da cidade e

Não mudou muito o que comia-se no século XIX. Massas, ragus e pratos com carnes ensopadas, como o cordeiro à caçadora, o coelho à lucchesi e a paleta de cordeiro assada, eram os preferidos dos comensais.

continuaria a sê-lo até meados da década de 1960, quando começou o deslocamento de empresas e centros comerciais para a avenida Paulista e arredores. Dessa forma, foi igualmente natural a escolha do local: avenida São João, junto ao largo do Paissandu (então Paiçandu). Para batizar o estabelecimento, Cecchini simplesmente usou seu apelido: Carlino.

O cardápio original da casa baseava-se em pratos com sustança. Massas, ragus e pratos com carnes ensopadas eram os destaques, como o cordeiro à caçadora com polenta, o coelho à lucchesi com molho de *funghi porcini* e a paleta de cordeiro assada. Os caldos tradicionais, como o *minestrone*, também figuravam no menu. Desde o início, o espírito bonachão, típico das cantinas, cativou não apenas os patrícios imigrantes, mas também os brasileiros. Cecchini recebia os clientes à porta do restaurante e memorizava os pratos favoritos dos convivas habituais. Com outros estabelecimentos fundados no mesmo período, como a Casa Godinho, a Cantina Capuano e a padaria Italianinha, Carlino consolidou um circuito pioneiro de gastronomia no Centro, disseminando o gosto pela cozinha italiana.

Carlos Cecchini traz a Itália - XIV

O restaurante de Cecchini resistiu bravamente às muitas mudanças vividas por São Paulo. Carlo manteve-se no comando da casa até 1948, ano em que o negócio foi passado a Marcelo Gianni, conterrâneo da Toscana, que manteve estilo e cardápio intocados, ao mudar a localização do restaurante para a avenida Vieira de Carvalho, entre a praça da República e o largo do Arouche. O Carlino resistiria a mais uma troca de direção, em 1977, apesar da degradação do Centro da cidade, que afastou a clientela e tornou impraticável o funcionamento da casa. Em 2002, 121 anos depois de ser inaugurado, o restaurante italiano mais antigo de São Paulo fechava as portas. Reabriria três anos depois, ainda no Centro, na rua Epitácio Pessoa. O cardápio foi modernizado, a decoração mudou, mas o espírito de Carlo sobrevive.

RECEITA

Cordeiro à caçadora
(*6 porções*)

Ingredientes

- 3 kg de pernil de cordeiro cortado em pedaços
- 200 ml de vinho branco
- 1 kg de batata bolinha
- 500 g de cebolinha picada
- 250 g de cenoura *baby*
- 3 cabeças de alho
- Sal e pimenta-do-reino a gosto
- Óleo para fritar

Modo de preparo

- Temperar o cordeiro com sal, vinho, cebolinha e deixar marinar por uma noite
- No dia seguinte, higienizar a batata e o alho
- Fritar os pedaços de carne aos poucos em óleo quente e, em seguida, passar a carne para outra panela
- Acrescentar na panela a água e o molho da marinada e cozinhar até que a carne esteja macia.
- Adicionar as batatas e os alhos e cozinhar por 10 minutos em fogo médio
- Colocar por último as cebolas e as cenouras e cozinhar por mais 10 minutos, em fogo baixo
- Acertar o sal, finalizar com pimenta a gosto

RECEITA

Paleta de cordeiro assada
(*6 porções*)

Ingredientes

- 1 paleta de cordeiro com osso, de 2 kg
- 5 ramos de alecrim
- 1 colher de sopa de azeite
- Sal e pimenta-do-reino a gosto

Modo de preparo

- Preaquecer o forno a 180°C
- Numa assadeira grande, colocar a peça de carne envolvida pelos ramos de alecrim e regar com o azeite
- Temperar com sal e pimenta-do-reino
- Cobrir a assadeira com papel-alumínio e levar ao forno por 3 horas e 30 minutos a 160°C
- Retirar o papel-alumínio, regar a carne com o caldo
- Aumentar a temperatura para 200°C e voltar a peça ao forno para assar por mais 30 minutos, ou até dourar
- Retirar a assadeira do forno e separar a peça
- Coar o caldo, engrossar em uma panela por alguns minutos, e usá-lo como molho para regar a carne

XV

Albino Ongaratto põe o espeto para correr

O rodízio de carnes, quem diria, nasce no Paraná, num dia em que os garçons da churrascaria serviam linguiça para quem pedia picanha e maminha para quem pedia costela.

Não importa que lá se coma galeto, polenta, charque, arroz de carreteiro, cuca de maçã, chucrute e doce de batata-doce. Quando se fala em comida da região Sul, a primeira, e muitas vezes a única, coisa que vem à cabeça é o churrasco. Rodízio, de preferência. Um desafio à capacidade dos mais bem treinados glutões: espetos carregados com picanha, costela, maminha, bife de tira, fraldinha, cupim, filé-mignon, corações de frango, lombo de porco, linguiças e outras variedades chegam em rápida sucessão. Quem dá uma pausa para respirar corre o risco de deixar passar seu pedaço favorito. O preço é fixo, come-se à vontade.

Essas casas especializadas em carnes, nas quais são servidos diversos cortes assados na brasa e uma miríade de acompanhamentos, tornaram-se um clássico da gastronomia brasileira. Primeiro, difundiram-se por todo o país, depois, mundo afora. O modelo de rodízio surgiu na década de 1960, não no Rio Grande do Sul, mas no Paraná, pelas mãos de um gaúcho. Reza a lenda que o inventor da churrascaria rodízio foi Albino Ongaratto, nascido em 1928, na cidadezinha de Nova Bréscia, a 161 km de Porto Alegre. Descendente de italianos, ele cresceu, como todos os seus conterrâneos, comendo muito churrasco. Mesmo que em sua cidade natal não exista churrascarias. Como todo mundo prepara suas próprias carnes na brasa em casa mesmo, não há demanda popular. "Cada um aqui diz que prepara o melhor churrasco da cidade", disse em 2010 o então prefeito, Diógenes Laste. E acrescentou: "Logo, não precisa de churrascaria". Quer uma prova? Os fundadores das redes Porcão e Vento Haragano também vieram de Nova Bréscia.

Um dia, uma multidão de romeiros chegou faminta à churrascaria na beira da estrada. Instalou-se o caos. Então, surgiu a ideia de servir todos os espetos em todas as mesas. Nascia a fórmula do espeto corrido.

Em 1967, Ongaratto resolveu abrir sua própria casa de carnes, a Churrascaria 477, na cidade de Registro, na divisa entre o Paraná e São Paulo. O restaurante, à beira da Rodovia Régis Bittencourt, servia aos viajantes e caminhoneiros segundo a fórmula tradicional, *à la carte*. De acordo com uma história muito recontada, num belo dia de 1968 a casa se viu repentinamente lotada: uma multidão de romeiros, vinda de uma festa católica, chegou faminta.

Rebatizado de "rodízio", o espeto corrido saiu do Sul e começou a evoluir em São Paulo. Nos tempos de Albino Ongaratto, não mais que meia dúzia de cortes eram servidos, entre carnes de boi, porco e frango.

Ricardo Amaral com Robert Halfoun

Os garçons, atarantados, começaram a entregar os pedidos de espetos nas mesas erradas: quem queria picanha ganhava linguiça, a maminha chegava na mesa de quem pediu costela. Diante do caos, Ongaratto teve um estalo: mandou os garçons servirem todos os espetos a todas as mesas. Nascia a fórmula do espeto corrido. Por algum tempo, ainda conviveu com o serviço *à la carte*, mas acabou suplantando-o e sendo copiado por toda a região Sul.

E não poderia haver terra mais propícia. O gosto dos habitantes do Paraná, de Santa Catarina e do Rio Grande do Sul pelo boi na brasa vinha de longe. A colonização da região e o avanço da pecuária caminharam lado a lado a partir de meados do século XVII. A criação de gado beneficiou-se das vastas pastagens dos pampas gaúchos, que se estendiam até os territórios atuais da Argentina e do Uruguai. O churrasco foi instituído como uma refeição substanciosa e prática para os tropeiros desbravadores: bastavam espetos improvisados, lenha para o fogo e sal grosso para temperar. O nome da técnica derivava do verbo churrascar, usado pelos colonos espanhóis que ocuparam o território mais ao sul.

Albino Ongaratto põe o espeto - XV

Rebatizado de "rodízio", o espeto corrido saiu do Sul, conquistou inicialmente São Paulo, depois o Rio de Janeiro e virou mania nacional, adaptando-se e evoluindo. Nos tempos de Albino Ongaratto, falecido em 2007, não mais que meia dúzia de cortes eram servidos, entre carnes de boi, porco e frango. Hoje, as maiores churrascarias prometem mais de duas dezenas de variedades, incluindo adereços além do mero sal grosso (picanha com alho, filé-mignon com bacon, medalhão suíno...). Peixes e frutos do mar entraram no espeto também, além de opções mais inesperadas como avestruz, javali e codorna. O bufê de saladas e frios foi introduzido na década de 1970 e também virou mania, abrindo caminho para a comida japonesa feita na hora. Novidades incorporadas até mesmo à Churrascaria 477, que segue passando os espetos corridos.

RECEITA

Picanha no espeto
(*6 porções*)

Ingredientes

- 1 peça de picanha de 1kg
- Sal grosso a gosto

Modo de preparo

- Cortar a peça triangular em três pedaços iguais. A ponta, menor, é chamada de picanha nobre
- Polvilhar alguns grãos de sal grosso na parte das fibras de cada um dos pedaços (esta é a única etapa em que o sal grosso será usado)
- A colocação no espeto tem duas etapas, um furo de cada vez: para fazer o primeiro, pegar o pedaço mais largo e furá-lo com o espeto "por trás" (pela parte da gordura), sem atravessar inteirament a carne
- Para o segundo furo: dobrar a carne e furar novamente. Note que, desta vez, a ponta do espeto estará em contato direto com as fibras
- Posicionar o primeiro pedaço na base do espeto e repetir a operação com os outros, deixando o da ponta, a picanha nobre (mais macia), para o fim
- Com os três pedaços no espeto, posicioná-lo a 10 cm da brasa, na churrasqueira, por 8 a 12 minutos, girando a peça. Ela estará no ponto quando começar a mudar de cor
- Tirar do fogo e retirar o excesso de sal
- Voltar o espeto ao fogo, agora mais afastado da brasa, e deixar por mais 3 minutos
- A carne estará pronta para o primeiro corte
- Daqui em diante, passar uma nova camada de sal fino sobre a carne e levar ao fogo
- Serão necessários 3 minutos para o corte malpassado, 5 minutos para o ao ponto e 7 minutos para o bem passado

RECEITA

Farofa de banana grelhada
(*4 porções*)

Ingredientes

- 80 g de manteiga sem sal
- 50 ml de óleo de canola
- 3 bananas-da-terra maduras cortadas em meia lua
- 80 g de cebola em cubinhos
- 20 g de alho picado
- 500 g de farinha de mandioca
- 20 g de salsinha picada
- Sal e pimenta-do-reino a gosto

Modo de preparo

- Em uma frigideira, aquecer metade da manteiga com o óleo e grelhar as fatias de banana de ambos os lados até que fiquem douradas. Reservar
- Na mesma frigideira, em fogo médio, refogar a cebola e o alho no óleo e adicionar a farinha de mandioca
- Mexer sem parar até que a farinha fique crocante
- Adicionar a banana e o resto da manteiga, para deixar a farofa úmida
- Ajustar os temperos e finalizar com a salsinha picada

XVI

A feijoada completa de João Alves Lobo

Com arroz, farofa e couve, um português gente boa, que aceitava o "pendura" dos clientes, cria a versão definitiva do nosso prato nacional e introduz também outro ícone da culinária tupiniquim: o picadinho.

A feijoada é, indiscutivelmente, o prato-chave da gastronomia brasileira. A receita descende de uma variedade de preparações similares, feitas em Portugal desde o século XVII. Por aqui, a primeira menção a uma "feijoada à brazileira" data de 1833, quando o Hotel Thèatre, de Recife, passou a servir o prato semanalmente. Desde então, a mistureba de carne-seca, linguiças, cortes salgados de porco e feijão-preto, servida com arroz, farofa, couve refogada e fatias de laranja, ganhou o mundo e se tornou ícone universal. Essa versão moderna do prato – a famigerada feijoada completa – foi servida pela primeira vez, em 1884, por João Alves Lobo, proprietário do restaurante carioca G. Lobo, fundado no mesmo ano. Lobo não sabia, mas garantia ali seu nome no panteão da culinária brasileira.

O jornalista Escragnolle Doria descreveu, numa edição de 1929 da *Revista da Semana*, como era visitar o G. Lobo em fins do século XIX: "Temos iscas com ou sem ellas, temos feijoada, temos mocotó, temos gallinha com batatas... E o freguez ouve para decidir. (...) João Alves Lobo, apezar da carniceria do ultimo nome, era um pacifico espadaudo, entre

Ricardo Amaral com Robert Halfoun

baixo e alto, de peito estofado. Exemplo da limpeza na casa de pasto, Alves Lobo apresentava-se freqüentemente todo de branco, de throno em balcãozinho ao fundo da casa. (...) Acrescentou com prudência culinária, mandando servir ás terças e sábados, feijoadas completas, preparadas pelo cozinheiro-chefe, herdado com a casa, o Manoel". A casa era o restaurante anexo ao Hotel Lobo, que ficava na rua General Câmara, no Centro do Rio, não muito longe da Igreja da Candelária.

A receita de Lobo serviu como gabarito unificador das várias versões de feijoada praticadas Brasil afora. Ao ganhar arroz, farofa e couve recebeu, definitivamente, o sobrenome de "completa".

A receita de Lobo serviu como gabarito unificador das várias versões praticadas Brasil afora. Usava-se uma diversidade de feijões – branco, mulatinho, fradinho – e de carnes: havia até quem pusesse cabeças inteiras de porco na panela, além de morcelas, coração bovino, rins e pulmão de porco. Outros detalhes, como a inclusão de verduras e legumes, variavam de região para região. Ao agregar o arroz, a farofa e a couve, o prato passava a merecer, legitimamente, o aposto "completa".

Ao lado do fiel cozinheiro Manoel, João Alves Lobo não só popularizou a feijoada, como também fez surgir no seu restaurante, no Rio, a mais antiga versão do picadinho de que se tem registro.

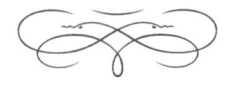

Ricardo Amaral com Robert Halfoun

As laranjas serviam não apenas como sobremesa, pois a acidez do suco cortava a gordura, auxiliando na digestão do feijão. A feijoada do restaurante carioca rapidamente se tornou popular pelo sabor, pela fartura das porções e pelo preço acessível. Consta que o G. Lobo era frequentado por "caixeiros, estudantes, boêmios, jornalistas e literatos", segundo Escragnolle Doria. O feijão era servido às terças-feiras e sábados, dias naturalmente muito concorridos.

João Alves Lobo era português, nascido na freguesia de Margaride, norte do país. Radicou-se no Rio de Janeiro na década de 1870, época em que começavam a se multiplicar as casas de pasto anexas a hotéis e hospedarias. Ao lado do fiel cozinheiro Manoel, Lobo não popularizou apenas a feijoada completa. A mais antiga versão do picadinho de que se tem registro – carne bovina cortada na ponta da faca e refogada, servida com arroz, farofa e caldo de feijão – nasceu no G. Lobo.
O proprietário fazia o tipo simpaticão. Tratava os fregueses habituais pelo nome e não se furtava a aceitar penduras dos clientes mais assíduos. "Quanta gente bôa, depois illustre, comeu a crédito no Hotel Lobo?", provocou, em 1929, o jornalista Doria.

A feijoada completa de João Alves - XVI

De 1884 a 1890, hotel e restaurante ficaram a cargo de seu fundador, que passaria o negócio adiante para o conterrâneo José Gomes Valente. O novo dono não mudou em nada o estabelecimento, mantendo até mesmo os dias em que a feijoada era servida. O sucesso prosseguiu até 1903, quando, após muita relutância, o imóvel do Hotel Lobo foi desapropriado e demolido para que avançassem as obras de abertura da avenida Central, a atual avenida Rio Branco. Ainda hoje, há vários restaurantes da mesma época que resistiram ao tempo, como o Café Lamas, de 1874, e a Confeitaria Colombo, fundada em 1894. Ambos, não por acaso, ainda servem a feijoada completa do mesmo jeito popularizado por João Alves Lobo.

RECEITA

Feijoada completa
(10 porções)

Ingredientes

- 200 g de carne-seca bovina
- 200 g de costela de porco salgada, ou defumada
- 200 g de pé de porco salgado
- 100 g de rabo de porco salgado
- 100 g de orelha de porco salgada
- 150 g de lombo de porco defumado ou salgado
- 100 g de paio
- 100 g de linguiça portuguesa
- 100 g de língua de boi defumada
- 50 g de bacon
- 1 kg de feijão-preto
- 300 g de cebola picada
- 8 dentes de alho amassados
- 2 xícaras de óleo
- 6 folhas de louro
- 2 laranjas

Modo de preparo

- Limpar bem as carnes salgadas, tirando o excesso de gorduras e nervuras, limpando os pelos e colocando-as de molho em água por 24 horas
- Trocar a água três a quatro vezes durante esse período
- Em uma panela grande, ferver as carnes salgadas em peças inteiras, durante mais ou menos 20 minutos em fogo alto
- Jogar fora a água com todo o excesso de gordura
- Na mesma panela, dourar o alho e a cebola em óleo
- Em seguida, colocar carne-seca, pé e orelha para cozinhar com o feijão e as folhas de louro por 30 minutos
- Acrescentar a língua, o rabo e a costela por mais 30 minutos
- Acrescentar o lombo, a linguiça, o paio e o bacon e manter o cozimento por mais de 1 hora a 1 hora e 30 minutos
- Durante todo o processo, retirar com uma concha a gordura que subir à superfície da panela
- Retirar a feijoada do fogo e servir com arroz branco, couve refogada, laranja fatiada e farinha de mandioca

RECEITA

Picadinho carioca
(4 porções)

Ingredientes

- ½ kg de coxão mole ou acém em cubos
- 2 dentes de alho amassados
- 1 cebola picada
- 1 colher de sopa de óleo
- 5 tomates maduros picados, sem pele e sem sementes
- 2 batatas picadas em cubos
- 2 cenouras picadas em cubos

Modo de preparo

- Em uma panela, aquecer o óleo e dourar o alho e a cebola
- Adicionar a carne e mexer por 5 minutos
- Adicionar os tomates e 1 e ½ xícara de água fervente
- Cozinhar em fogo médio, com a panela tampada por cerca de 20 minutos, mexendo sempre
- Juntar as batatas e as cenouras e cozinhar por mais 20 minutos ou até que estejam macias
- Servir com arroz branco, farofa de banana e um ovo estrelado para cada porção

XVII

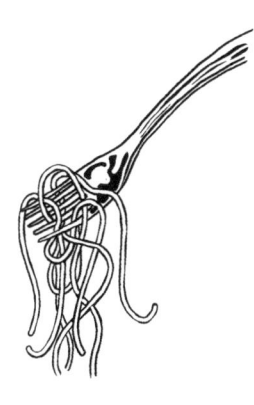

O sonho de Ruggero Fasano

O milanês, com a cabeça cheia dos pratos tradicionais que sua avó preparava, arma uma banquinha para vender aves e ovos no Mercado Municipal de São Paulo, enquanto arquiteta os planos para abrir o restaurante a que tanto aspirava.

Não há família brasileira mais associada à alta gastronomia do que o clã Fasano. Hoje, o nome é sinônimo de requinte quando se fala em restaurantes e em hotelaria. Casas como o Gero e o Fasano tratam a tradição da culinária italiana com reverência, técnicas precisas e serviço impecável. A saga da família tem história e pré-história. Tudo começou em 1902, com a chegada a São Paulo do patriarca do clã, Vittorio. Italiano de Milão, viria para fundar o primeiro Fasano, no largo do Rosário. Entretanto, foi com a entrada em cena de Ruggero, filho temporão nascido em 1907, que o negócio familiar se tornou grife, referência no mercado paulista e padrão de excelência em todo o país.

O Rio de Janeiro pode ter sido a sede da Corte de D. João VI, a capital do Reino, do Império e da República. Porém, no decorrer do século XX, o posto de principal centro gastronômico do país foi conquistado por São Paulo. Mais e melhores restaurantes, antenados com as tendências internacionais de culinária, apresentação e serviço, foram se multiplicando na metrópole paulistana de forma bem mais rápida. Não há cidade no Brasil com tamanha variedade e quantidade de casas, representando a comida de diversas partes do mundo e atendendo a públicos de todos os tipos.

Essa história ainda estava sendo construída, quando Ruggero Fasano retornou ao Brasil, aos 30 anos, depois de uma longa temporada de estudos na Itália. Com a morte do patriarca em 1923, a família não estava mais no negócio de restaurantes.

A saga da família Fasano tem história e pré-história. Começa em 1902, com a chegada do patriarca do clã, Vittorio, mas é com a entrada do filho temporão, Ruggero, que vira grife, cinco anos depois.

O cunhado de Vittorio, Valente Giannini, comprara a parte de todos e assumira o controle. Com a cabeça cheia de receitas familiares que a avó preparava, como o risoto de açafrão, os escalopes ao Marsala e a vitela à milanesa, Ruggero armou uma banquinha para vender aves e ovos no Mercado Municipal de São Paulo. Enquanto isso, arquitetava planos para abrir o restaurante de seus sonhos.

Qualquer celebridade que passasse por São Paulo na década de 1960, do ex-presidente dos EUA Dwight Eisenhower ao chefão da Revolução Cubana, Fidel Castro, marcava presença nas mesas das casas Fasano.

Ricardo Amaral com Robert Halfoun

Em 1947, inaugurou o Fasano na rua Vieira de Carvalho, entre a praça da República e o largo do Arouche. Era apenas o (re)começo. Em seguida, veio a Confeitaria Fasano, no começo da década de 1950, que se tornou ponto de encontro da sociedade paulistana para o ritual do chá da tarde. O clã também retomou o ponto da Brasserie Paulista original e, finalmente, em 1958, inaugurou o carro-chefe do grupo: um luxuoso jardim de inverno anexo ao Fasano do Conjunto Nacional, na avenida Paulista. Com capacidade para 2.000 pessoas, o espaço recebia shows de grandes estrelas da música internacional, como Nat King Cole, Roy Hamilton e Marlene Dietrich. Qualquer celebridade que passasse por São Paulo, na década de 1960, do ex-presidente dos EUA Dwight Eisenhower ao chefão da Revolução Cubana, Fidel Castro, marcava presença nas mesas das casas Fasano.

Nem mesmo a decadência do centro histórico de São Paulo, que obrigou os restaurantes tradicionais a mudar de endereço ou fechar as portas, deteve a pujança do grupo. O sucessor, Fabrizio, depois de se estabelecer como fabricante de bebidas, encarregou ao filho Rogério a tarefa de iniciar nova fase para os negócios da família. O *nonno* Ruggero, de quem ele herdou o nome abrasileirado, era a referência máxima para

O sonho de Ruggero Fasano - XVII

o jovem, tanto em termos de culinária, quanto de estilo de administração. Um Fasano remodelado e ainda mais refinado nascia na rua Amauri. A posterior transferência para a rua Haddock Lobo marcou a consolidação do trabalho da quarta geração do clã, que não parou mais. Gero, Fasano, Baretto, Parigi são nomes, instantaneamente, identificados com o que há de melhor na cozinha paulistana e brasileira.

Hoje, mesmo com a expansão para o ramo da hotelaria e com a chegada a outras praças, como o Rio de Janeiro, a família Fasano ainda venera a inspiração original do filho pródigo que reconstruiu o negócio familiar. Isso fica evidente em uma visita ao restaurante Nonno Ruggero, no primeiro andar do luxuoso Hotel Fasano, em São Paulo. Ele preserva o estilo das *trattorias* que inspiraram o neto *restaurateur* em sua volta ao Brasil. É onde se come, claro, uma bela *cottoletta alla milanese*.

RECEITA

Cotoletta alla milanese
(1 porção)

Ingredientes

- 1 costeleta de vitela (corte do carré)
- 3 ovos
- 100 g de farinha de rosca
- 150 a 200 ml de óleo para fritar a carne
- Sal e pimenta-do-reino a gosto

Modo de preparo

- Com um martelo para carne, bater a carne de vitela, para deixá-la mais fina
- Em um prato, bater os ovos com um garfo e reservar
- Colocar a farinha de rosca em outro prato grande
- Besuntar o carré no ovo mexido e repetir o processo na farinha de rosca
- Numa frigideira grande, esquentar o óleo em fogo alto
- Fritar a carne até alcançar um ponto bem dourado e crocante
- Retirar o carré e descansar por alguns minutos em um papel-toalha
- Temperar com sal e pimenta-do-reino somente quando for comer

RECEITA

Spaghetti alla carbonara
(*4 porções*)

Ingredientes

- 350 g de *spaghetti*
- 1 dente de alho
- 1 ovo
- 4 gemas
- 200 g de bacon ou *pancetta* cortada em cubos
- 350 g de queijo *pecorino*
- Azeite
- Sal e pimenta a gosto

Modo de preparo

- Cozinhar o espaguete em água fervente e deixar *al dente*
- Em uma tigela, bater o ovo inteiro e as gemas com sal, pimenta e 2/3 do queijo ralado, até obter uma mistura espumosa
- Escorrer o espaguete, reservando um pouco da água do cozimento
- Em uma frigideira, fritar o alho e o bacon no azeite
- Despejar o macarrão acrescentando os ovos e queijo batidos
- Colocar um pouco da água do macarrão e cozinhar por 1 a 2 minutos
- Desligar o fogo e servir o espaguete com o restante do *pecorino*

XVIII

Como era gostoso o apartamento da Myrthes

Os pratos encantadores da professora, pesquisadora, empresária, banqueteira e colunista de jornais e revistas, servidos em Copa, no Rio, lhe rendem citação no Senado Federal: "Ela é a figura mais representativa da arte de cozinhar do Brasil".

Aesquina das ruas Constante Ramos e 5 de Julho fica num canto escondidinho de Copacabana, protegido do incessante vai e vem que caracteriza o bairro carioca. Foi ali, numa zona essencialmente residencial, que Myrthes Paranhos fez história na gastronomia local com seu Petit Club, mistura de restaurante, espaço para aulas de culinária – frequentado pelo chef José Hugo Celidônio –, e ponto de encontro boêmio, que marcou época nas décadas de 1950 e 1960. Atuando como professora, pesquisadora, empresária, banqueteira e colunista de jornais e revistas, Myrthes transformou seu nome em grife na culinária nacional, armada com um repertório invejável de pratos. Consta que ela sabia, de cor e salteado, nada menos que 1.500 receitas – de entradas, pratos principais e sobremesas de todo o mundo.

"Nasci de avental na alma. Não me peça para pregar um botão", costumava afirmar. Ainda criança, fazia comidinhas de verdade para dar às bonecas, e os quitutes eram devorados pelos adultos da casa. Fez cursos de culinária no Brasil e no exterior (incluindo temporada na Le Cordon Bleu, de Paris) e colecionava livros de receitas. Sua biblioteca de gastronomia

Ricardo Amaral com Robert Halfoun

era uma das maiores do Rio. Em 1955, Myrthes fundou o Clube Bate-Papo, uma das pioneiras confrarias de gastrônomos cariocas. Trocavam-se ideias, receitas e dicas de restaurantes. O sucesso do Clube, frequentado por gente influente na cidade, como os jornalistas Ibrahim Sued, Reynaldo Loy e Antônio Maria , acabou levando Myrthes a criar um restaurante de verdade.

Myrthes Paranhos era uma grife na culinária nacional. Consta que ela sabia, de cor e salteado, nada menos que 1.500 receitas. "Nasci de avental na alma. Não me peça para pregar um botão", costumava dizer.

O Petit Club funcionava no andar térreo da casa da família em Copacabana. No auge, recebia artistas, políticos e turistas ilustres. Juscelino Kubitschek, Castelo Branco, Costa e Silva e João Goulart eram *habitués*. Além do trabalho no restaurante, a chef desdobrava-se dando aulas, assinando colunas na imprensa e comandando bufês, como o do jantar para a cerimônia de casamento de Elis Regina e Ronaldo Bôscoli. Lançou vários livros, traduzidos em diversas línguas e lançados no exterior, e entrou para o panteão das banqueteiras mais famosas

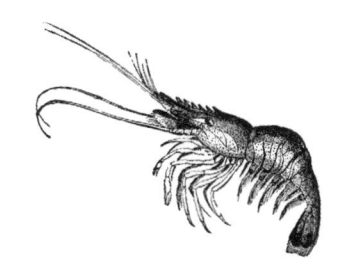

No auge, o Petit Club de Myrthes, recebia artistas, políticos, turistas ilustres. Juscelino Kubitschek, Castelo Branco, Costa e Silva e João Goulart eram *habitués*. Ibrahim Sued gostava do camarão gratinado com queijo e vinho branco.

do país, com Maria Thereza Weiss e Thereza de Paula Penha. Em 1968, chegou a receber uma homenagem do Senado Federal, citando-a como "a figura mais representativa da arte de cozinhar do Brasil".

E o que se comia na casa de Myrthes? O esmero que aplicava a pratos clássicos do dito trivial variado era famoso. O picadinho de filé-mignon, o bobó de camarão, o lombo de porco com feijão-branco e a carne assada ao molho ferrugem eram peças de resistência de seu cardápio. Também havia criações exclusivas, como o siri recheado (o predileto do presidente Jango); o camarão gratinado com queijo e vinho branco (prato favorito de Ibrahim Sued); o filé com mostarda, passas, *roquefort* e alcaparras; o creme de tomates; e os escalopinhos com ameixas e purê de maçã. Sua receita de feijoada incluía torresmos com parmesão e um toque de chocolate (!) no caldo do feijão. "Gosto das cozinhas francesa e portuguesa, mas para mim a portuguesa é a mais autêntica", dizia Myrthes. Costumava inventar receitas na hora, inspirada pelas preferências dos clientes, e gabava-se de saber dizer, antes de mesmo de

o apartamento da Myrthes - XVIII

começar a preparação, se o prato daria certo ou não, só avaliando os ingredientes sugeridos. Também nunca provava suas receitas enquanto cozinhava.

Fechou o Petit Club, em 1969, e se mudou para Petrópolis, onde abriu o Bistrô Myrthes Paranhos. Só retornou ao Rio de Janeiro no fim da década de 1970, abrindo um novo restaurante na rua Tonelero, não muito longe de onde funcionara o Petit Club. E seguiu como referência no cenário gastronômico, dando aulas e fazendo aparições na mídia, revezando-se entre a serra fluminense e a capital. Até o fim da vida, nunca abandonou a máxima de que o freguês tem sempre razão. "Há os que exigem, nas horas mais imprevistas, pão e café com leite. Há os que são didáticos e querem ensinar como se faz um estrogonofe. Há os que tiram receitas de coquetel do bolso, feitas com ingredientes que não existem. E, à minha moda, faço a vontade de todos."

RECEITA

Camarão gratinado com queijo e vinho branco
(4 porções)

Ingredientes

- 1 e ½ kg de camarões-rosa grandes
- 3 dentes de alho amassados
- 3 colheres de sopa de manteiga
- 6 colheres de sopa de farinha de trigo
- 1 l de leite fervente
- 250 ml de espumante *brut* ou vinho branco seco
- 300 g de cogumelos pequenos
- 5 gemas
- 2 latas de creme de leite sem soro
- 400 g de queijo prato ralado
- 1 limão
- 1 colher de sopa de azeite de oliva
- Sal e pimenta a gosto

Modo de preparo

- Limpar e temperar os camarões com sal, pimenta, limão e alho por 30 minutos
- Cozinhar o camarão por 2 minutos em fogo alto, escorrer e passar por água fria. Reservar
- Numa panela, derreter a manteiga, acrescentar a farinha e mexer bem por 3 minutos
- Sem deixar de mexer, acrescentar o leite quente aos poucos até obter consistência cremosa
- Juntar o espumante ou o vinho e os cogumelos
- Continuar mexendo até obter um creme consistente
- Retirar do fogo, acrescentar as gemas, o creme de leite, sal e pimenta e mexer bem por alguns minutos e depois reservar
- Untar um refratário com manteiga e alternar camadas de camarão, creme e queijo
- Levar ao forno preaquecido para gratinar por 10 minutos e servir

RECEITA

Crème de tomates
(*4 porções*)

Ingredientes

- 3 latas de tomate pelado
- 180 g de manteiga sem sal
- 2 dentes de alho picados
- 2 colheres de sopa fécula de batata
- 1 talo de aipo, lavado e cortado em cubos
- 1 folha de louro
- 1 litro de brodo (caldo de cebola, batata, cenoura e alho)
- ¾ de xícara de creme de leite fresco
- Sal e pimenta-do-reino a gosto

Modo de preparo

- Numa panela, em fogo baixo, cozinhar o alho em 80 g da manteiga até ficar translúcido
- Acrescentar a fécula de batata e mexer, sem dourar
- Adicionar os tomates picados sem o suco, o aipo, o louro e o brodo

Em fogo médio, cozinhar o creme mexendo sem parar

- Ao começar a ferver, baixar o fogo, tampar a panela e deixar ferver por 20 minutos
- Temperar com sal e pimenta e reservar
- Processar o creme em um liquidificador ou processador e coar com uma peneira
- Antes de servir, levar o creme à fervura e, logo em seguida, desligar o fogo
- Emulsionar o creme com um batedor e adicionar 100 g de manteiga
- Corrigir o sal e a pimenta, se necessário

XIX

A bela sacada de Robert Falkenburg

Tenista americano casa com brasileira e deixa as quadras para abrir a primeira grande lanchonete do Brasil.

Robert Falkenburg sempre gostou de agilidade no serviço. Em todos os sentidos. Afinal, o tenista nova-iorquino, nascido em 1926, foi bicampeão de Wimbledon, em 1948 e 1949. Aos 20 anos, já era conhecido mundialmente por seu saque veloz e potente. Apenas dois anos depois de levantar a taça no célebre torneio inglês, Falkenburg mudaria a estratégia de jogo: radicou-se no Rio de Janeiro, acompanhado pela esposa, a jovem *socialite* carioca Lourdes Mayrink Veiga Machado. Em 1952, em vez de aceitar um contrato que lhe renderia US$ 100 mil por ano como tenista profissional, o americano preferiu bancar, do próprio bolso, uma lojinha de sorvetes e *milk-shakes* em Copacabana. Cerca de um ano depois, o estabelecimento passou a servir também hambúrgueres e cachorros-quentes. Natural que a lanchonete fosse batizada, em inglês, como o restaurante do Bob, seu apelido: o Bob's.

Nascia ali a primeira cadeia de *fast food* brasileira, inaugurando a paixão brasileira pelas lanchonetes. Hoje existem diversas marcas no mercado, representando conglomerados globais ou empresas nacionais que oferecem, além dos clássicos hambúrgueres e outros sanduíches, frango frito, pizza, comida árabe, massas, frutos do mar, culinária oriental... Os preços são acessíveis, o serviço é rápido e informal, o cardápio é fundamentado naquelas calóricas guloseimas de que todo mundo gosta. Mais fácil de agradar, impossível.

Em 1952, em vez de aceitar um bom contrato como tenista profissional, o americano preferiu bancar uma lojinha de sorvetes e *milk-shakes* no Rio, o Bob's. Ou, literalmente, o restaurante do Bob.

A ideia de servir comida barata, rápida e sem cerimônia existe desde a Roma antiga, quando já havia carrinhos que vendiam vinho, pão e linguiças aos transeuntes. Na Idade Média, o costume se popularizou nas cidades europeias, atendendo principalmente aos cidadãos mais pobres. O estilo contemporâneo de *fast food* foi definido a partir da década de 1920, nos Estados Unidos. A marca White Castle introduziu os elementos básicos: restaurantes padronizados, com um cardápio restrito e igual para todos, serviço rápido e preços baixos.

Com o sucesso dos sorvetes, logo surgiu a ideia de expandir o cardápio com sanduíches. E lanchar no Bob's virou mania. Nomes como Heitor Villa-Lobos e Tim Maia adoravam o lugar.

Ricardo Amaral com Robert Halfoun

Entre nós, brasileiros, tudo começou na rua Domingos Ferreira, a uma quadra da praia de Copacabana. Nascido em Nova York e criado na Califórnia, Bob Falkenburg estava familiarizado com o conceito de *fast food*. Com o sucesso dos sorvetes produzidos por máquinas importadas dos Estados Unidos, logo surgiu a ideia de expandir o cardápio com sanduíches. E mais: além de clássicos preservados no cardápio, como o *milk-shake* de Ovomaltine e o sanduíche de queijo com banana, em seus primeiros anos o Bob's servia opções como as frigideiras (ovos com hambúrguer, salsicha ou presunto), as panquecas com calda de chocolate e a *banana split*. Lanchar no Bob's virou mania entre a juventude carioca, e as lanchonetes eram prestigiadas por personalidades, como o compositor Heitor Villa-Lobos e o cantor Tim Maia. As filiais se multiplicaram. Quando Falkenburg vendeu o controle da rede para a multinacional Libby's, em 1974, havia 13 lanchonetes no Rio. A entrada de capital estrangeiro possibilitou levar a marca a outros estados, além de Portugal, Angola e Chile.

A bela sacada de Robert Falkenburg - XIX

Com o crescimento da rede, cresceu também a concorrência. Em 1970, a primeira iniciativa foi de Ricardo Amaral, autor deste livro, que em parceria com os banqueiros Mario Henrique Simonsen e Julio Bozano fundou uma cadeia de lanchonetes. Eram lojas maiores, com arquitetura ousada do Sérgio Rodrigues. O menu era mais diversificado, com direito a crepes, sanduíches criativos, sorvetes variados e o lançamento no Brasil do post-mix, as hoje tão conhecidas máquinas de refrigerantes. Teve seu início no Leblon, na praça Antero de Quental, e espalhou-se por todo o Rio e São Paulo. Foram 25 lojas. Realizada com recurso de empréstimos em moeda norte-americana sofreu na pele as diversas maxi-desvalorizações e encerrou as atividades em 1978.

No ano seguinte a rede McDonald's, fundada nos EUA em 1940, chegava ao Brasil, mais especificamente em Copacabana, reduto do Bob's. Logo tornou-se o padrão a ser seguido por 78 outras cadeias. Vingou o capital, o marketing pesado!

RECEITA

Milk-shake de Ovomaltine
(*1 porção*)

Ingredientes

- 3 colheres de sopa de Ovomaltine
- ½ xícara de leite integral
- 3 bolas de sorvete de creme
- Ovomaltine para salpicar

Modo de preparo

- Colocar o sorvete de creme e o leite no liquidificador e bater por alguns segundos, o suficiente para misturar
- Acrescentar o Ovomaltine e bater um pouco mais até a mistura se tornar homogênea
- Colocar em uma taça de *milk-shake*, salpicar Ovomaltine por cima e servir gelado

RECEITA

Queijo com banana
(1 *porção*)

Ingredientes

- 2 fatias de pão de forma
- 1 banana grande fatiada
- 2 fatias de queijo prato ou muçarela
- Manteiga
- Canela em pó

Modo de preparo

- Passar manteiga na parte interna da fatia de pão. Não exagerar
- Colocar uma fatia de queijo
- Fazer uma camada com a banana fatiada e polvilhar a canela por cima
- Cobrir com a outra fatia de queijo e fechar com a outra fatia do pão de forma, já com manteiga
- Esquentar em uma sanduicheira até o queijo derreter
- Se utilizar uma frigideira quente, apertar o pão com uma espátula enquanto virar o lado do sanduíche
- Servir

XX

Toninho do Momo põe ainda mais sabor na comida de botequim

Por décadas, a gastronomia de boteco foi considerada menor na cultura culinária nacional. Espécie de prazer culpado de que todo mundo gostava, mas ninguém levava a sério. Até que nomes como Toninho do Momo começam a mudar essa história.

Em grego, era *apothéke*. Em italiano, *bottega*; no espanhol, *bodega*; no alemão, *apotheka* e, enfim, em português, botica, que virou boteco. Significado original: depósito ou loja de artigos vendidos a varejo. Adotado pelos brasileiros, virou sinônimo de bar e/ou taverna, estabelecimento onde se vai primordialmente para beber, mas também para ouvir música, encontrar os amigos, paquerar, pensar na vida... e comer. A cultura do boteco, ou botequinho, ou botequim, inclui a paixão pela "baixa" gastronomia que a acompanha. Assim entre aspas, porque o que vemos hoje na febre botequeira que tomou o país é a comida bem-feita que Kátia Barbosa, comandante do Aconchego Carioca e inventora do célebre bolinho de feijoada, cozinha, influenciando tanta gente Brasil afora (*leia mais sobre no perfil da chef, à frente*). Há outros templos da comida de boteco como o Bar do Momo, no Rio de Janeiro. É nele que vamos ficar neste capítulo.

Antonio Carlos Laffarge, o Toninho do Momo, resume e reinventa essas tradições. O Bar do Momo é um dos símbolos da transição que a culinária de boteco vem experimentando desde o século XIX. É um bar tradicionalíssimo, com todas as marcas registradas: o balcão, os ladrilhos, as mesas gastas. Mas da cozinha nascem iguarias surpreendentes, que percorrem tanto a ala clássica quanto novidades mais recentes. Toninho serve bolinhos de bacalhau, sardinhas fritas e pastéis, só que não para por aí. Seus bolinhos de arroz recheado com linguiça e uma mistura de queijos, patrimônio nacional, são os mais cobiçados do Rio. Há ainda o resgate de ícones como a sopa de ervilha e o jiló, que vai parar dentro de almondêgas saborosíssimas.

Os bares brasileiros modernos derivam dos estabelecimentos que serviam, de uma só vez, como mercearia, casa de pasto e loja de artigos variados aos viajantes e tropeiros durante a época da colonização. E onde também se podia beber um trago,

Os botecos derivam dos estabelecimentos que serviam como mercearia, casa de pasto e loja de artigos variados. Lá também se podia tomar um trago, porque, já naquela época ninguém era de ferro.

porque, já naquela época, ninguém era de ferro. O crescimento dos centros urbanos no decorrer do século XIX foi acompanhada pela transformação do papel do bar. Antes relegado à beira das estradas e às periferias, veio se aproximando do centro das cidades, passando a ser um local de convívio social. Foi no fim daquele século que se popularizou a corruptela "botequim" para designar casas cuja finalidade básica era beber e jogar conversa fora.

O Bar do Momo é um símbolo da transição que a culinária de boteco veio experimentando desde o século XIX. De sua cozinha nascem iguarias surpreendentes, do bolinho de arroz à costela de boi desfiada com creme de aipim.

Os cardápios fundamentavam-se em versões mais despojadas da culinária portuguesa. A técnica básica era a fritura, aplicada em clássicos de balcão, como o torresmo, a linguiça calabresa, o bolinho de bacalhau, o frango a passarinho (ou à passarinha) e a sardinha empanada. Conservas e vinagretes, como azeitonas em salmoura, tremoços, ovos cozidos e legumes como jiló marcavam presença. Guisados e cozidos também tinham vez: moela de frango e caldo de feijão, além de opções mais fortificantes como o caldo de mocotó de boi. Não raro, eram servidas refeições completas, sempre em torno da

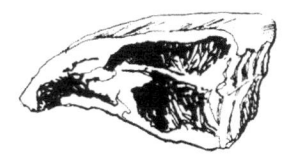

dupla arroz & feijão: os famosos pratos feitos (PFs), primos mais velhos dos chamados executivos.

Por décadas, a gastronomia de boteco foi considerada item menor na cultura culinária nacional. Quase um prazer culpado de que todo mundo gostava, mas ninguém levava a sério. Isso começou a mudar a partir do século XXI, com a chegada do conceito pé limpo: bares bem decorados, com serviço atencioso e atmosfera mais *clean*. Os cardápios foram fortalecidos,

Toninho do Momo - XX

incluindo versões retrabalhadas dos clássicos dos balcões. De uma hora para outra, a comida de boteco virou um grande negócio, rendendo festivais e eventos temáticos.

O Momo atravessou essas mudanças sem perder o passo. O pai de Toninho, Tonhão, abriu o estabelecimento em 1987, quando comprou a casa de um Rei Momo (daí o nome do lugar), e fez fama com uma senhora feijoada servida às sextas-feiras. Quando o filho foi para a cozinha, o negócio estourou. Toninho parece ter talento nato para cozinhar e criar receitas que viram clássicos instantâneos, como o Farol de Milha, nascido outro dia para um concurso de comida de boteco. Numa panelinha rasa de barro, vai filé de lagarto recheado com linguiça, coberta com queijo meia cura e ovo caipira estrelado por acima de tudo. Em volta, molho, muito molho, para banhar rodelas de pão francês. Há ainda o Atolei no Momo, costela de boi desfiada e cheia de caldo dela mesma coberta por creme de aipim. Tudo servido num copinho tipo americano, o mesmo onde são servidas as famosas batidas do Momo, à base de frutas e cachaça, com destaque absoluto para a de maracujá. Aliás, que vai muito bem servida com uma cervejinha gelada. Ou seja: para entender como a cultura e a culinária de botequim caminharam nas últimas décadas, além da importância delas na história da gastronomia brasileira, basta passar uma tarde no Bar do Momo.

RECEITA

Farol de milha
(8 porções)

Ingredientes

- 2,2 kg de lagarto
- 300 g de linguiça calabresa
- 500 g de tomate picado
- 500 g de cebola picada
- 500 g de molho de tomate
- 100 g de pimentão verde
- 100 g de molho shoyu
- 100 g de alho picado
- 800 g de queijo meia cura
- 8 ovos caipiras
- 50 ml de óleo

Modo de preparo

- Rechear o lagarto com a calabresa e reservar
- Em uma panela de pressão, aquecer 50 ml de óleo, adicionar o lagarto e selar até dourar toda a superfície. Retirar a carne da panela depois de dourada
- Na mesma panela, mantendo o suco criado pela carne, refogar o alho e a cebola picados até ficarem translúcidos
- Acrescentar o tomate e o pimentão picado, temperar com sal a gosto
- Adicionar o molho de tomate e deixar cozinhar em fogo médio, por 15 minutos
- Cobrir a carne com água, tampar a panela, deixar cozinhar por 30 minutos após ter pego pressão
- Esperar a pressão sair, abrir a panela e ver a consistência da carne. Se necessário, cozinhar por mais 10 minutos na pressão

Montagem

- Em 8 pequenas tigelas, dispor 250 g de carne assada em cada uma
- Cobrir com 100 g de queijo meia cura cada uma
- Adicionar o molho da carne até cobrir os ingredientes em cada porção
- Levar ao forno até derreter o queijo
- Adicionar um ovo caipira frito por cima de cada porção
- Polvilhar salsinha e servir

Bolinho de arroz com queijo

(*10 porções*)

Ingredientes

- 2 xícaras de arroz já cozido
- 1 ovo
- 1 colher de sopa de salsinha picada
- 2 colheres de sopa de queijo parmesão ralado
- 3 colheres de sopa de azeite
- 3 colheres de sopa de leite
- 1 colher de sopa de farinha de trigo
- Sal e pimenta a gosto
- Queijo muçarela em cubos

Modo de preparo

- Bater no processador ou no liquidificador todos os ingredientes (exceto os cubos de muçarela) até a massa ficar homogênea
- Para corrigir, adicionar um pouco mais de leite se estiver seco, ou adicionar um pouco mais de farinha, se estiver mole
- Para fazer o bolinho, pegar um punhado, rechear com um cubo de queijo e fechar
- Fritar em óleo quente
- Servir

XXI

Max, o barão austríaco, chega e muda tudo

Na cozinha do Copacabana Palace, Max von Stuckart apresenta vários clássicos da culinária internacional, impõe padrão de trabalho à moda europeia e finca na memória afetiva do Brasil a mais tradicional de todas as versões do picadinho carioca.

Até a chegada do barão Max von Stuckart, os restaurantes cariocas pareciam parados no tempo das velhas casas de pasto. Mesmo com o modelo francês de restauração, a influência portuguesa predominava, com suas porções gigantes, o apreço por frituras e um descuido generalizado em termos de serviço, apresentação e sutilezas. Stuckart veio botar ordem na casa. Apresentou para os comensais da capital vários clássicos da culinária internacional, impôs um padrão de trabalho à moda europeia nas casas que comandou, e, por último, mas não menos importante, fincou na memória afetiva de todo o Brasil a mais tradicional de todas as versões do picadinho carioca.

Von Stuckart era o que se costuma chamar de tipo folclórico. Tinha sido importado da Europa, em plena Segunda Guerra Mundial, pela família Guinle, dona do Hotel Copacabana Palace. Depois, notabilizou-se na noite carioca ao comandar a boate Vogue, uma das mais badaladas de Copacabana, entre as décadas de 1940 e 1950. Os maiores nomes da música e do entretenimento do Brasil se apresentavam por lá – alguns com contrato fixo, por temporadas extensas – para deleite dos grã-finos da época. O Rio vivia seus últimos anos com o status de capital federal, e os os night-clubs, além de serem lugares para a sociedade ver e ser vista, também investiam forte na gastronomia – e neste mérito a Vogue se destacava.

> **Stuckart apresentou para os comensais da então capital federal vários clássicos da culinária internacional e impôs um padrão de trabalho à moda europeia, com praças de preparo, na cozinha.**

Chegou ao Copa trazendo consigo um chef russo, G. Berezanski, e fez questão de implementar a organização clássica dos restaurantes franceses na cozinha do hotel. Introduziu o sistema de praças específicas, cuidadas por cozinheiros especialistas. Um profissional era responsável pelas saladas, outro pelas guarnições; um ficava exclusivamente encarregado dos grelhados; o quarto fazia peixes e crustáceos... Era o conceito de *brigade de cuisine*, codificado pelo francês Auguste Escoffier, na virada do século XIX para o XX, mas que ainda não era regra nos restaurantes locais. A novidade

O chef levou ao Rio clássicos como o frango à Kiev, o *steak* Diana e o *strogonoff*, que passou a ser servido como peça de resistência de nove entre dez jantares
na sociedade carioca.

trazida pelo barão ajudou a formar dezenas de profissionais cariocas que, por sua vez, disseminaram os conhecimentos para outras centenas de cozinheiros.

Na hora de montar os cardápios, o barão tinha um olho na sabedoria popular e outro na cozinha do mundo. Ainda no Copa, cometeu a ousadia de incluir a feijoada completa no cardápio e logo descobriu-se que a alta-roda não tinha preconceito algum com o prato, ao contrário. Depois, montou versão própria de um prato já manjado na cidade, o picadinho, com carne, farofa, ovo pochê, arroz com ervilhas e milho. Foi um dos maiores *hits* da Vogue, hoje apelidado de picadinho carioca, um dos pratos feitos mais conhecidos do país. Von Stuckart também é creditado pelo aparecimento no Rio de clássicos como o frango à Kiev (filé de peito empanado, recheado com manteiga de salsa), o *steak* Diana (filé-mignon salteado na manteiga e flambado no conhaque à mesa) e o *strogonoff*. Este último logo passou a ser servido como peça de resistência de nove entre dez jantares na sociedade carioca.

Max, o barão austríaco - XXI

O sucesso da Vogue, no entanto, teria um fim trágico. Em 1955, o prédio onde ficava a boate, na avenida Princesa Isabel, pegou fogo. Cinco pessoas morreram no incêndio, incluindo o cantor americano Warren Hayes, que fazia uma temporada na casa. Von Stuckart não ficou muito tempo parado. No mesmo ano, foi contratado pela Varig para ser consultor gastronômico da companhia aérea, por conta da popularidade do cardápio da Vogue. Fora convocado pelo próprio Rubem Berta, então presidente da empresa. Estreou em alto estilo: montando para o voo Porto Alegre-Nova York um cardápio, incluindo lagosta ao *thermidor*, omeletes *aux fines herbes* (feita na hora!) e faisão assado. Naturalmente, tudo restrito aos passageiros da 1ª classe, que precisavam se distrair durante as 26 horas de viagem naqueles dias. A sofisticação do serviço de bordo e dos pratos tornou-se referência no mundo todo.

RECEITA

Frango à Kiev
(4 porções)

Ingredientes

- 1 peito de frango inteiro cortado com as asas
- 100 g de manteiga sem sal
- 1 dente de alho amassado
- 2 limões
- 100 g de farinha de trigo
- 100 g de farinha de rosca
- 2 ovos
- Um punhado de cebolinha, salsinha e tomilho picados
- Sal e pimenta a gosto
- Óleo para fritar

Modo de preparo

- Desossar o peito inteiro com as asas e marinar no limão com sal e pimenta na geladeira
- Misturar a manteiga, em temperatura ambiente, com as ervas e temperar com sal e pimenta
- Em dois pedaços grandes de plástico PVC, colocar um bolinho de manteiga temperada e enrolar com o plástico, formando dois tubinhos separados, de mais ou menos um palmo de comprimento cada, e armazenar no congelador
- Diluir a clara com um pouco de água, salgar e reservar
- Retirar o frango da marinada, secar e separar com uma faca os dois peitos
- Em cada peito, cortar ao meio para colocar os rolinhos de manteiga congelados, fechando com um palito
- Levar os frangos para geladeira a fim de manter descongelada a manteiga
- Para empanar, pôr em um prato fundo a farinha de trigo; em outro, os ovos batidos com um garfo; e num terceiro a farinha de rosca
- Passar um peito na farinha de trigo e bater com a mão para retirar o excesso
- Passar um peito no ovo batido
- Empanar um peito na farinha de rosca e reservar
- Repetir o mesmo processo com o segundo peito
- Aquecer o óleo para fritar o frango por imersão por 5 a 10 minutos, ou até ficar dourado
- Servir

RECEITA

Strogonoff
(6 porções)

Ingredientes

- 1,2 kg de filé-mignon em tiras
- 2 colheres de sopa de manteiga
- 400 g de creme de leite fresco
- 1 cebola picada
- ½ xícara de água
- 2 colheres de sopa de molho inglês
- 1 xícara de *champignon* fatiado
- 4 colheres de sopa de *ketchup*
- 1/3 xícara de conhaque
- Sal e pimenta-do-reino a gosto

Modo de preparo

- Em uma panela, aquecer a manteiga e dourar as tiras de carne em fogo médio
- Adicionar a cebola e refogar em fogo médio por 2 minutos
- Temperar a carne com o molho inglês, sal e pimenta
- Adicionar a água, o *champignon* e o *ketchup* e cozinhar por 3 minutos
- Colocar o conhaque com uma concha e pouco depois abaixar o fogo
- Acrescentar o creme de leite e pouco depois desligar o fogo
- Servir acompanhado de arroz branco e batata palha

XXII

Ofélia é a nossa Julia Child

Inspirada pela americana que introduziu a cozinha francesa na América, Ofélia Ramos Anunciato cria o primeiro programa de receitas da TV brasileira. No ar por mais de 40 anos, ensina gerações a cozinhar sem malabarismos, respeitando as tradições.

O advento da TV por assinatura permitiu que se multiplicassem programas de culinária em uma miríade de estilos: shows sobre bolos de casamento, churrasco, *fast food*, pratos exóticos, comida saudável e até insalubre. Competições, *reality shows*, chefs famosos, cozinheiros amadores, gente cozinhando na praia, na selva, em alto-mar... Porém, para nós, um nome estará sempre associado à popularização das atrações televisivas sobre comida: Ofélia Ramos Anunciato ou apenas, e eternamente, Ofélia. Criadora do primeiro programa de receitas da TV brasileira, permaneceu no ar por mais de 40 anos, ensinando gerações de espectadores a cozinhar direito, sem malabarismos e respeitando tradições, além de ter servido de base para sucessivas apresentadoras.

Nascida em Itatiba, interior de São Paulo, em 1924, Ofélia começou a cozinhar com apenas 8 anos. Consta que subia num banquinho para alcançar a boca do fogão da fazenda da família e que inventava receitas de bolos e doces. Aos 20 anos, por intermédio de um amigo da família, inaugurou uma

Ricardo Amaral com Robert Halfoun

coluna de receitas no jornal *Tribuna de Santos*. Quando uma emissora local, a TV Santos, decidiu lançar um programa pioneiro de culinária, em 1958, seu nome surgiu naturalmente como a apresentadora ideal. Era a primeira atração do gênero na televisão nacional.

A cozinha maravilhosa de Ofélia fica no ar por mais de 40 anos e ensina gerações a cozinhar direito, sem malabarismos e respeitando tradições. Para a mestra, a cozinha nacional era a mais rica do mundo.

Naquele mesmo ano, mudou-se para a TV Tupi, onde fez fama, comandando o segmento de cozinha do *Revista Feminina*, primeiro programa brasileiro voltado exclusivamente às mulheres. Em 1968, ao transferir-se para a rede Bandeirantes, ganhou seu programa próprio: *A cozinha maravilhosa de Ofélia*. Uma legítima grife nascia ali, com o lançamento de diversos livros de receitas e, nas décadas subsequentes, coleções temáticas de *home videos*. Foram 14 volumes, todos *best-sellers*. No auge do sucesso, a apresentadora recebia cerca de 20 mil cartas por semana, com dúvidas, sugestões e pedidos de receitas.

Ofélia foi pioneira do *merchandising* na telinha nacional, endossando produtos e equipamentos de cozinha. Com simplicidade, mostrava a importância de seguir técnicas e ter cuidado com os ingredientes e com a preparação prévia.

Ricardo Amaral com Robert Halfoun

O segredo de Ofélia era não ter segredos. "Se você cozinha gostando de cozinhar, certamente será capaz de fazer um prato saboroso. E se tiver por perto alguém que goste de ensinar a cozinhar, como eu gosto, então não haverá nenhum problema", costumava dizer. Sempre baseada na cozinha trivial, para o dia a dia, percorria a cultura culinária de todo o mundo. Tinha predileção pelos pratos tradicionais italianos e portugueses, mas os clássicos brazucas eram seu forte. Para ela, a cozinha nacional era a mais rica do mundo. Orgulhava-se de nunca repetir receitas no ar. Garantia testar previamente todos os pratos apresentados. Seu inegável carisma permitiu que *A cozinha maravilhosa* atravessasse décadas seguindo o mesmo estilo. Incorporava novidades tecnológicas e influências variadas, refletindo a evolução da gastronomia local. Diversificou sua atuação, fazendo programas especiais dedicados a pratos *light* e a receitas rápidas. Também foi pioneira do *merchandising* na telinha nacional, endossando produtos e equipamentos de cozinha.

Com simplicidade e discurso acessível, Ofélia mostrou para o grande público a importância de seguir técnicas e ter cuidado com os ingredientes e com a preparação prévia.

Ofélia é a nossa Julia Child - XXII

Sua importância como referência da culinária brasileira na segunda metade do século XX pode ser medida pelo desfile de chefs renomados que passaram por seu programa. Luciano Boseggia, Sergio Arno, Manuel Andrade, Mao Hun Tseng e vários outros foram convidados da bancada de *A cozinha maravilhosa*.

Não é exagero dizer que ela cozinhou praticamente até o fim. Depois de ficar 40 anos ininterruptos no ar, morreu aos 74 anos, em 1998, e ainda deixou vários episódios do programa gravados. Por ocasião de sua morte, seus livros de receitas já tinham vendido cerca de 600 mil exemplares. Não houve programa de receitas brasileiro até hoje que tenha escapado dessa influência. Seu nome foi e sempre será sinônimo de cozinha caseira bem-feita: simples, mas nunca simplória.

RECEITA

Suflê de queijo
(4 porções)

Ingredientes

- 6 colheres de sopa de azeite extravirgem
- 800 ml de molho bechamel de suflê
- 350 g de queijo branco de massa consistente, ralado grosso
- 6 colheres de sopa de farinha de trigo especial (mais branca e fina)
- 3 colheres de café de tomilho fresco, ou mais
- 4 gemas
- 9 claras
- 4 colheres de chá de parmesão ralado finamente
- Sal, pimenta-do-reino

Modo de preparo

- Aquecer o forno a 240°C. Em uma frigideira, refogar no azeite o queijo, até começar a derreter, mexendo com um garfo.
- Acrescentar a farinha e mexer cerca de 2 minutos
- Colocar as claras para bater
- Acrescentar ao queijo o bechamel, o sal, a pimenta e o tomilho e deixar ferver, mexendo sempre
- Acrescentar a gema, mexendo e deixar engrossar
- Tirar do fogo e incorporar, delicadamente, as claras batidas em neve firme
- Colocar em recipiente de porcelana ou pirex untado de manteiga, salpicar de parmesão e levar ao forno até dourar
- Servir imediatamente

Molho bechamel de soufflé

Ingredientes

- 40 g de manteiga
- 2 colheres de sopa de farinha de trigo
- 1000 ml de leite

Modo de preparo

- Ferver o leite. Ao mesmo tempo, em uma panelinha, aquecer a manteiga e a farinha, misturando
- Incorporar o leite fervente à farinha, aos poucos, mexendo sempre. Ferver 2 minutos, sempre mexendo. Reservar

RECEITA

Macarrão da Ofélia
(6 porções)

Ingredientes

- 500 g de *penne* ou parafuso
- 3 tomates cortados em cubos
- 1 cebola grande cortada em cubos
- 200 g de queijo muçarela cortado em cubos
- 1 colher de sopa de orégano
- 1 colher de chá de sal e pimenta calabresa seca
- 300 g de maionese
- 50 g de queijo parmesão ralado

Modo de preparo

- Cozinhar o macarrão
- Temperar os tomates, a cebola e a muçarela com orégano, sal e pimenta. Misturar tudo com a maionese
- Com o cozido, colocar num refratário e despejar a mistura com a maionese por cima. Envolver a massa no molho com bastante cuidado
- Salpicar queijo ralado por cima de tudo
- Levar ao forno para gratinar e derreter a muçarela

XXIII

A pena afiada de Apicius

Roberto Marinho de Azevedo Neto é o legítimo decano de nosso jornalismo gastronômico. O fascínio por seus textos se deve tanto ao estilo fino de suas crônicas, quanto ao mistério sobre sua identidade, revelada apenas quando ele abandonou o ofício.

Houve dois Apicius na história da gastronomia. O primeiro foi Marcus Gavius Apicius, que viveu na Roma do primeiro século da era cristã, durante o governo do imperador Tibério. Comilão e apreciador da boa vida, teria sido um dos pioneiros da produção de fígados gordos de gansos, o tradicional *foie gras*. Sua fama como cozinheiro e ávido pesquisador de novos sabores fez com que seu nome virasse sinônimo de gourmet. Uma famosa coleção de receitas da Roma Antiga, escrita no ano 900, foi batizada em homenagem a ele. O segundo Apicius era coisa nossa. Roberto Marinho de Azevedo Neto, jornalista e escritor carioca, usou o nome do romano como pseudônimo para publicar, entre 1975 e 1997, críticas de restaurantes no *Jornal do Brasil*. Tornou-se, neste período, o legítimo decano de nosso jornalismo gastronômico, à frente da coluna "À mesa, como convém". O fascínio por seus textos se devia tanto ao estilo fino de suas crônicas – sofisticadas, mas acessíveis – quanto ao mistério sobre sua identidade, revelada apenas quando ele abandonou o ofício.

"Nunca se sabe o que pode acontecer com um guia. Depende do leitor. E, em se tratando de restaurantes, depende deles também. E de Deus, como tudo. Assim, digo com autoridade:

Ricardo Amaral com Robert Halfoun

Excelente este lugar! E um deus, que entende de cozinha (ou que não gosta de mim) mata o maitre, o chef ou dá dor de barriga a três garçons. E eis o meu bom conselho transformado em grandíssima asnice. Isso acontece todos os dias." Era assim, sempre dirigindo-se ao leitor em primeira pessoa, que Apicius escrevia suas resenhas de restaurantes. Em seus textos, às vezes a menção à casa visitada era apenas de passagem. O importante eram os floreios, a narrativa das conversas com os companheiros de mesa e suas digressões impressionistas sobre a vida, o cotidiano carioca e, claro, a expectativa e o prazer do ato de comer fora (ou a decepção, quando o restaurante era ruim). As crônicas eram ilustradas com simpáticos desenhos feitos pelo próprio jornalista, no qual invariavelmente apresentava a si mesmo como um sujeito gordo, de aparência algo melancólica.

Nos textos, a menção à casa visitada era de passagem. O importante eram as conversas com os amigos de mesa e o prazer (ou não) de comer fora.

O segredo sobre sua identidade foi mantido durante todo o tempo em que escreveu para o *Jornal do Brasil*, justamente para que os restaurantes não pudessem se preparar de antemão

Numa época sem blogs ou redes sociais, suas críticas eram ansiosamente aguardadas pelos leitores. Um elogio poderia consagrar um chef, uma resenha negativa poderia derrubar a frequência da casa.

para o receber. Numa época em que não havia blogs ou redes sociais, suas críticas eram ansiosamente aguardadas pelos leitores cariocas. Elogios poderiam consagrar um chef; enquanto uma resenha negativa poderia derrubar a frequência da casa. Ainda assim, mesmo nos casos em que comia mal, Apicius nunca perdia o bom humor e a elegância no texto. Gostava de almoçar e jantar acompanhado por amigos e amigas a quem só se referia pela inicial do sobrenome. Por vezes, dispensava o texto corrido convencional e reproduzia diálogos (imaginados ou reais?) travados com os amigos à mesa. A companhia mais assídua era Madame K., a artista plástica Marília Kranz. Foi a filha dela, Patrícia, quem selecionou os textos incluídos no livro *Confissões íntimas*, editado originalmente em 1986, no auge da influência e da popularidade da coluna no *JB*.

Apesar de temperar seus escritos com citações a filósofos e romancistas, e de exercitar um estilo rebuscado, o crítico era um defensor da simplicidade na cozinha. E também de uma boa relação custo-benefício. Sobre esses pontos, escreveu: "Acho mesmo que quanto menos se entende mais se admira. A obscuridade desafia e, ao nos fazer sentir idiotas, nos abre a boca de respeito. Será este segredo, imagino, não só dos oradores como

A pena afiada de Apicius - XXIII

dos economistas e técnicos variados. Com a cozinha, aqui, acontece o mesmo. O ininteligível desperta aplausos. O muito caro inspira respeito. E acabamos comendo mal e pobres".

Depois de aposentar o personagem, Roberto finalmente saiu do armário. A revelação rendeu uma capa da *Revista Domingo* do *JB*. Morreu em 2006 sem nunca mais ter retomado o pseudônimo. Mais do que um retrato de um determinado período da cultura gastronômica do Rio de Janeiro, seus escritos são literatura de qualidade.

RECEITA

Miolo de boi à milanesa

("Eu adorava ir a um restaurante bem simples do Rio beber chope e comer miolo, que é uma delícia, mas só está bom quando é do dia", Apicius, em entrevista a revista *Veja*.)

(*4 porções*)

Ingredientes

- 1 kg de miolo de boi cortado em pedaços
- ½ xícara de farinha de trigo
- 2 dentes de alho
- ½ xícara de leite
- 1 ovo
- ½ kg de farinha de preparo à milanesa
- Óleo para fritar
- Sal e pimenta-do-reino moída a gosto

Modo de preparo

- Bater no liquidificador a farinha, o ovo, o sal, a pimenta, o alho e o leite
- Lavar e escorrer as fatias de miolos de boi. Reservar
- Colocar o miolo na mistura batida e deixar descansar por cerca de 10 minutos
- Escorrer cada pedaço e fritar em óleo quente até dourar
- Secar em papel-toalha e servir

RECEITA

Cavaquinha com molho de alho

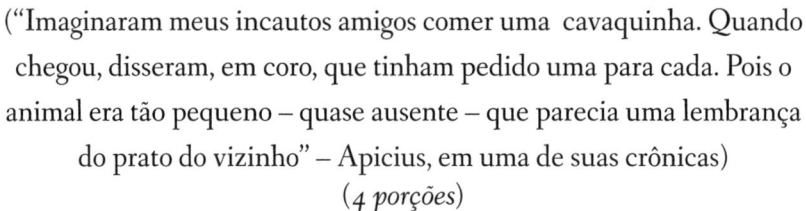

("Imaginaram meus incautos amigos comer uma cavaquinha. Quando chegou, disseram, em coro, que tinham pedido uma para cada. Pois o animal era tão pequeno – quase ausente – que parecia uma lembrança do prato do vizinho" – Apicius, em uma de suas crônicas)

(*4 porções*)

Ingredientes

- 4 cavaquinhas grandes
- 5 dentes de alho descascacdos
- 2 colheres de sopa de azeite
- 2 colheres de sopa de farinha de trigo
- 150 ml de leite
- 500 ml de água
- Sal e pimenta-do-reino moída na hora a gosto

Modo de preparo

- Em um liquidificador, colocar os dentes de alho, o azeite, a farinha de trigo, o leite e o sal. Bater até obter um creme
- Despejar em uma panela e cozinhar em fogo médio, sem parar de mexer, por 3 minutos ou até encorpar
- Corrigir o sal e retirar do fogo. Reservar
- Lavar as cavaquinhas em água corrente e parti-las ao meio no sentido do comprimento sem separar a carcaça totalmente
- Colocar as cavaquinhas em uma panela para cozimento no vapor
- Tampar a panela e cozinhar por 5 minutos em fogo médio ou até ficarem macias
- Ao retirar do fogo, polvilhar sal e pimenta-do-reino
- Regar com o molho de alho e servir acompanhado de batatas *sautée*

XXIV

Paul Bocuse, o lendário chef francês, desembarca por aqui

A chegada de um dos maiores *chefs de cuisine* da história traz com ela jovens chefs talentosos e criativos que adotam o Brasil como segunda pátria e mudam de forma decisiva a nossa forma de comer e de cozinhar.

Entre o fim da década de 1960 e o começo dos anos 1970, uma revolução vinda da França sacudia o mundo da culinária: a *nouvelle cuisine*. Na contramão da cozinha francesa tradicional, o movimento apostava em pratos com apresentações visualmente estimulantes, na valorização de sabores limpos e leves, e no fim dos molhos pesados e dos cozimentos demorados. Alain Chapel, Roger Vergé, Pierre Troisgros e Raymond Oliver estiveram entre os mais destacados proponentes das novas tendências, e não demorou para que suas lições se propagassem mundo afora. Numa espécie de êxodo, os mestres e vários discípulos deixaram a França e partiram para outros países.

Em 1977, Paul Bocuse, considerado na época um dos embaixadores globais da comida francesa, veio ao país ministrar uma série de palestras e cursos para profissionais de restaurantes e hotéis. Sua visita catalisou uma verdadeira invasão francesa nos anos seguintes. Toda uma brigada de jovens chefs adotaram o Brasil como segunda pátria e modernizaram de forma decisiva o cenário local. Claude Troisgros, Laurent Suaudeau, Roland Villard, Emmanuel Bassoleil,

Ricardo Amaral com Robert Halfoun

Erick Jacquin, Dominique Guerin... Bocuse desbravou o terreno, e eles não demoraram a liderar cozinhas e a inaugurar as próprias casas.

A visita de Bocuse catalisou uma verdadeira invasão francesa nos anos seguintes. Claude Troisgros, Laurent Suaudeau, Roland Villard, Emmanuel Bassoleil, Erick Jacquin, Dominique Guerin... Bocuse desbravou o terreno para eles, que não demoraram a liderar suas cozinhas e a inaugurar suas próprias casas.

Bocuse nasceu em Lyon, em 1926. Estudou com Eugénie Brazier, a primeira mulher a ganhar três estrelas do *Guia Michelin*. Ao refinar seu estilo, ajudou a definir os princípios da *nouvelle cuisine*, a partir do trabalho desenvolvido em seu restaurante, em Collonges-au-Mont-d'Or (também detentor de três estrelas Michelin). A nova onda culinária se consagrou quando Bocuse e outros chefs criaram o cardápio para o primeiro voo Paris-Nova York do avião supersônico Concorde, referência absoluta de refinamento. Um sem-número de chefs

A *nouvelle cuisine* foi adaptada às matérias-primas locais. Maracujá, tucupi, manga, mandioquinha, pupunha e cupuaçu passaram a integrar cardápios refinados. E os restaurantes ganharam cartas de vinhos decentes, adequadas ao clima tropical.

consagrados foram aprendizes nas cozinhas supervisionadas por ele, incluindo Laurent Suaudeau, o grande formador da alta cozinha no Brasil, e outros pioneiros como Claude Troisgros.

A introdução dos preceitos da *nouvelle cuisine* por aqui, no entanto, encontrou vários desafios. Os chefs recém-chegados se depararam com ingredientes de baixa qualidade, dificuldades para importar determinados artigos, equipamentos defasados e uma cultura gastronômica que não tinha acompanhado o passo do resto do mundo. Nos jantares da alta sociedade, não se servia vinho, apenas uísque; nos restaurantes, a velha *haute cuisine* francesa, os clássicos italianos e a dita "cozinha internacional" ainda eram os fundamentos. As equipes eram mal treinadas, e as técnicas de apresentação e serviço pareciam ter parado no tempo.

Os franceses transformaram esse cenário. A leveza e a estética típicas da nova escola foram adaptadas às matérias-primas locais, e a imaginação dos chefs voou alto. Maracujá, tucupi, manga, mandioquinha, pupunha e cupuaçu passaram a integrar cardápios refinados. Os restaurantes ganharam cartas de vinhos decentes, adequadas ao clima tropical. Com isso, casas como Le Saint-Honoré, Le Pré Catelan, Claude Troisgros e Laurent logo se firmaram como endereços fundamentais da

Paul Bocuse, o lendário chef francês - XXIV

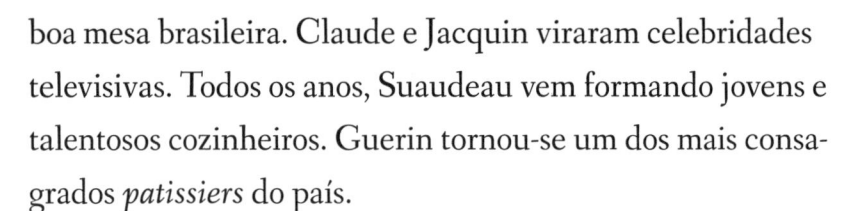

boa mesa brasileira. Claude e Jacquin viraram celebridades televisivas. Todos os anos, Suaudeau vem formando jovens e talentosos cozinheiros. Guerin tornou-se um dos mais consagrados *patissiers* do país.

Enquanto isso, Paul Bocuse fundava o Instituto Paul Bocuse que, desde 1987, realiza o prêmio Bocuse D'Or, classificado como "os jogos olímpicos da gastronomia", contando com jurados do calibre de Wolfgang Puck, Thomas Keller e Heston Blumenthal. Em 2012, ele ainda ganhou o título de "chef do século XX", concedido pelo Culinary Institute of America, a mais importante escola de culinária dos EUA. Consagração merecida para um inovador cuja influência chegou às mesas brasileiras.

RECEITA

Filé de cherne com banana caramelizada e molho de passas
(por Claude Troisgros)
(4 porções)

Ingredientes

- 4 filés de cherne (180 g cada um)
- 200 g de manteiga *noisette*
- 80 g de cebola picada
- 2 dentes de alho picados
- 4 bananas-d'água
- 1 colher de sopa de azeite
- Suco de um limão
- 2 colheres de sopa de molho de soja
- 120 g de passas pretas
- 1 colher de sopa de coentro picado
- Minirrúcula a gosto
- Sal e pimenta moída a gosto

Modo de preparo

- Temperar o peixe com sal e pimenta
- Fritar o peixe no azeite
- Cortar as bananas em dois e fritar devagarzinho na manteiga
- Virar e acabar o cozimento
- Derreter a manteiga usada até ficar *noisette*
- Acrescentar a cebola e o alho picados
- Colocar o suco de limão e o molho de soja
- Acrescentar as passas
- Verificar os temperos e acrescentar o coentro

Montagem

- Colocar as bananas no meio do prato
- Dispor o peixe em cima
- Regar com o molho
- Colocar a minirrúcula em cima

RECEITA

Mousseline de mandioquinha com caviar
(por Laurent Suaudeau)
(*1 porção*)

Ingredientes

- 40 g de caviar
- 250 g de creme de leite
- 250 g de leite integral
- 250 g de mandioquinha
- 40 g de manteiga
- Noz-moscada a gosto
- Pimenta-do-reino branca a gosto
- Sal refinado a gosto

Modo de preparo

- Lavar e descascar as mandioquinhas, colocando-as em água fervente com sal
- Depois de cozidas, escorrer e passar no *moulin*
- Em uma panela, colocar o creme de leite, leite temperado com sal, pimenta e noz-moscada. Levar ao fogo até ferver
- Tirar do fogo e ir juntando aos poucos a mandioquinha amassada, batendo com um *fouet*, até obter a consistência de uma *mousseline* (purê bem leve). Juntar a manteiga
- Servir a *mousseline* em panelinhas com o caviar no centro, sobre ela

XXV

O Brasil de Alex Atala

Com as lições do paraense Paulo Martins, Alex Atala transforma ingredientes como a castanha-do-pará, o tucupi, a priprioca e o jambu, e encanta o mundo com um Brasil nunca antes visto até pelos brasileiros.

Fusões, desconstruções, reinvenções. A busca por ingredientes frescos e locais, característicos do *terroir* da região. A ênfase no sabor natural de cada alimento. O uso de tecnologias avançadas e equipamentos inovadores na cozinha. A culinária contemporânea se caracteriza por todos esses pontos e, disseminada mundo afora, ganhou adaptações nacionais como as invenções moleculares do espanhol Ferran Adrià e o minimalismo radical da escola dinamarquesa. No Brasil, o movimento tem um porta-voz incontestável: Alex Atala. O paulistano, nascido em 1968, é o líder da cozinha contemporânea no país, puxando um bloco de chefs cujas proezas já ganharam o mundo, como Roberta Sudbrack, Jefferson Rueda, Alberto Landgraf e Helena Rizzo.

Na adolescência, Atala saiu da casa dos pais e abraçou o submundo punk de São Paulo nos anos 1980. Mandou-se para a Europa, viajando como mochileiro, e, num curso profissionalizante de cozinheiro, acabou descobrindo sua vocação. Na volta ao Brasil, passou por diversas cozinhas paulistanas, nas quais se destacou antes de tudo pela criatividade. Em 1999, abriu seu próprio restaurante, o D. O. M., em São Paulo. No século XXI, Atala está no panteão global dos grandes inovadores da cozinha contemporânea, principalmente por ter aplicado técnicas modernas de execução e apresentação com ingredientes brasileiros (boa parte deles da Amazônia) pouco conhecidos até por nós.

A multiplicidade de peixes, frutas, condimentos e verduras típicas dos estados amazônicos começou a ganhar o Brasil com as pesquisas de Paulo Martins (1946-2010), o paraense

> **Os peixes, frutas, condimentos e verduras da Amazônia começam a ganhar o Brasil com as pesquisas do paraense Paulo Martins. Sua influência determina a cozinha contemporânea que se vê hoje.**

fundador do restaurante Lá em casa, em Belém. Sua influência nos rumos da gastronomia contemporânea brasileira é reconhecida por todos os grandes nomes da atual geração, e Atala não é exceção. "Ele traçou um caminho brilhante, incrível, com uma mensagem e um conteúdo que o mundo espera, que são os sabores da Amazônia", declarou certa vez o chef do D. O. M. Absorvendo as lições de Martins, Atala transformou ingredientes como o leite de castanha-do-pará, o tucupi, a priprioca, o jambu e a beldroega em pratos surpreendentes e

Não se trata do exotismo pelo exotismo. Alex Atala tem toda uma filosofia por trás de suas práticas. Entre seus paradigmas, estão a busca por fornecedores artesanais e o estímulo à produção local. Além da descoberta de novos sabores.

encantadores. Ousadias como o uso de formigas comestíveis e a incorporação de brotos, flores e ervas dão um toque ainda mais pessoal às criações.

Não se trata do exotismo pelo exotismo. Atala tem toda uma filosofia por trás de suas práticas, desenvolvida em diversos livros. Entre seus paradigmas, estão a busca por parcerias com fornecedores artesanais e exclusivos, o estímulo à produção local de ingredientes e a pesquisa incessante por novos sabores e variedades de produtos. "Sempre que encontro um bom sabor tipicamente brasileiro, tento organizar uma pequena comunidade para produzir esse sabor", afirmou. E acrescentou: "Não me importo de pagar caro por uma matéria-prima, mas quero um produto perfeito. Não é difícil fazer o que ninguém faz, o difícil é fazer melhor aquilo que todo mundo faz. Assim que você consegue o serviço perfeito e o produto perfeito, o sucesso chega." Segundo o chef, tudo isso faz parte de um pensamento que classificou como "cozinha cidadã", ao conjugar culinária e sustentabilidade.

Como resultado da obra, o paulistano não apenas se tornou a maior celebridade da gastronomia brasileira atual, mas também um chef consagrado mundialmente. Já no ano de sua inauguração, o D. O. M. foi apontado por diversas publicações como o melhor restaurante do país. Em 2007, começou a figurar no ranking dos melhores do mundo, organizado pela revista inglesa *Restaurant* (em 2015, ficou em nono lugar). Inaugurou em 2009 sua segunda casa, o Dalva e Dito, onde exercita experiências com clássicos da comida caseira brasileira, a preços mais acessíveis do que os do D. O. M. Em 2013, reportagem da revista *Forbes* proclamou Atala "o chef mais influente do mundo". No mesmo ano, fundou o Instituto ATÁ, que promove estudos multidisciplinares sobre toda a cadeia de valor da gastronomia: desde a produção de ingredientes às técnicas culinárias, passando pela cultura por trás de cada receita. "Não faça algo só porque acha que vai vender bem. Criatividade não é fazer o que ninguém faz. É fazer o que todo mundo faz, mas que ninguém espera", resumiu.

RECEITA

Pato no tucupi
(por Paulo Martins)
(1 porção)

Ingredientes

- 1 pato médio
- 3 l de tucupi
- 3 maços de jambu
- 1/2 maço de alfavaca
- 1/2 maço de chicória
- 4 cabeças de alho
- 10 pimentas-de-cheiro
- Sal a gosto
- 3 limões médios
- 250 ml de vinagre de vinho branco ou vinho branco

Modo de preparo

(pato)

- Lavar bem o pato em água corrente e reservar
- Preparar uma marinada com o suco dos limões, 3 cabeças de alho socadas, o vinagre de vinho branco, 1 pimenta-de-cheiro, sal e água a gosto
- Colocar o pato na marinada e deixar descansar de um dia para o outro na geladeira
- Assar o pato em forno médio por uma hora e meia. Deixar esfriar e cortar a ave em pedaços
- Em uma panela, colocar o tucupi e ferver os patos em pedaços, até ficarem bem macios. Desossar e tirar a pele dos patos

(jambu)

- Separar as folhas com os talos mais tenros e lavar em água corrente
- Escaldar as folhas em água fervente com sal. Escorrer e reservar

Montagem

- Colocar os pedaços de pato num prato fundo e cobrir com o jambu e um pouco mais de tucupi
- À parte, dispor arroz branco, farinha-d´água de mandioca e molho de pimenta (amassar as pimentas com sal e alho e completar com tucupi quente)

RECEITA

Fettuccine de pupunha à carbonara
(por Alex Atala)
(4 porções)

Ingredientes

- 2 barcas de palmito pupunha
- 100 g de bacon
- 10 gemas
- 160 g de parmesão ralado
- 200 ml creme de leite fresco
- 80 ml da gordura do bacon
- 10 g de manteiga de trufas
- 5 g de salsa picada finamente
- Sal e pimenta a gosto

Modo de preparo

- Cortar o palmito pupunha em sentido longitudinal, com o auxílio de um mandoline com o pente grosso
- Pesar quatro porções de 130 g cada uma
- Cortar o bacon em cubos pequenos e, numa frigideira, colocar os pedacinhos e levar ao fogo baixo até que fiquem dourados e crocantes
- Retirar o bacon da frigideira com uma escumadeira e colocar no papel-toalha. Reservar a gordura do bacon
- Em uma tigela, misturar bem as gemas com parmesão
- Adicionar a gordura do bacon e, por último, o creme de leite fresco. Misturar
- Cozinhar os *fettuccines* de palmito em água com sal até por aproximadamente 2 minutos
- Derreter a manteiga de trufas, adicionar a salsa picada e reservar

Montagem

- Em uma frigideira, adicionar o *fettuccine*, o molho carbonara e sal, se necessário
- Em fogo brando, mexer em movimentos circulares até o molho chegar a uma consistência napê. Cuidado para as gemas não talharem
- Montar as porções em pratos individuais
- Salpicar com os cubos de bacon e polvilhar pimenta-do-reino
- Fazer um risco no prato em volta do *fettuccine* com a mistura de manteiga de trufas e salsa
- Servir

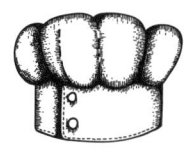

Chefs do Brasil

Quem faz a história contemporânea da gastronomia brasileira

Alex Atala, o grande nome que encerra a série de capítulos que elegem os personagens capitais para formação dos pilares da gastronomia brasileira, é o nosso grande ícone. Além dele, porém, há tantos outros nomes, desde os franceses Laurent Suaudeau e Claude Troisgros, passando por Helena Rizzo e Roberta Sudbrack. Muitos deles têm a sua biografia contada neste livro, para entendermos como eles são os continuadores da trajetória traçada até aqui.

Na próximas páginas, elencamos 23 nomes, mas há outros astros e estrelas, igualmente importantes, como os mestres Emmannuel Bassoleil e Erick Jacquin e novos talentos, como o carioca Pedro Artagão. A todos louvamos o trabalho feito, que traça as linhas mais recentes da história da gastronomia brasileira.

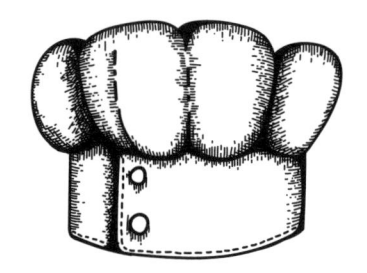

Laurent Suaudeau,
o grande

Da chegada, na "invasão francesa",
às cozinhas brasileiras no fim da década de
1970 ao atual reconhecimento como grande
chef-formador da nossa gastronomia,
ele cumpre uma trajetória extraordinária
na nossa história.

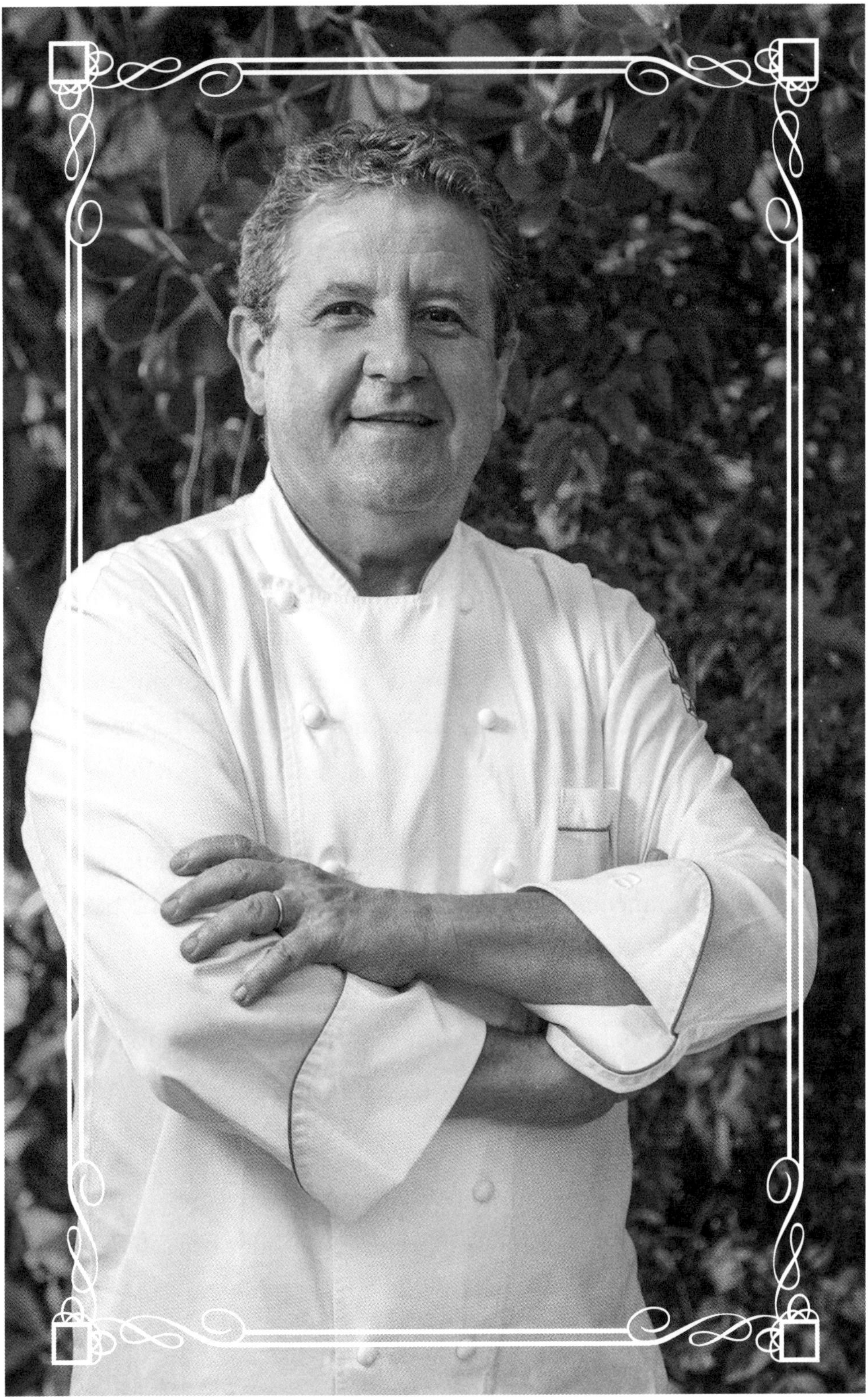

Revelado ao comandar o restaurante Le Saint-Honoré, de Paul Bocuse, no Rio de Janeiro, o francês atravessou os anos 1980 como um dos mais consagrados chefs no Rio. Na década seguinte, trocou a cidade por São Paulo e não perdeu o brilho. Com a fundação de sua própria escola, passou a se dedicar a sistematizar e transmitir tudo que aprendeu em cinco décadas de profissão.

Laurent Roland Suaudeau estreou ainda na adolescência, trabalhando duro na cozinha da mercearia sob o comando da tia Raymonde. Nascido no Vale do Loire, na cidade de Cholet, em 1957, Laurent demonstrou aptidão com as panelas ainda garoto, o que lhe rendeu oportunidades como aprendiz de Jean Guerin e Michel Guerard, dono do L'Oustau de Beaumanière, na Provence. Em 1974, Guerard e equipe – na qual Laurent era o caçula, aos 17 – conquistavam a terceira estrela Michelin. Aos 22 anos, ao finalizar sua formação sob a supervisão de outro mestre, Paul Bocuse, ele recebeu o convite para integrar a brigada francófona que viria comandar a cozinha do Le Saint Honoré, o restaurante francês do Hotel Méridien, no Rio. Proposta que mudaria sua vida, conforme contou em entrevista: "Eu não conhecia nada do Brasil, nem vinha pra ficar. Meu destino seguinte seria Tóquio."

Ao aterrissar no Rio, Laurent decolou. Em apenas um ano assumia o cargo de chef principal do Saint-Honoré, onde buscava praticar a *nouvelle cuisine*, empregando a riqueza de sabores brasileiros. Encantado com ingredientes como a manga, o tucupi, o cupuaçu, o quiabo e a mandioquinha, o francês deixou

Ricardo Amaral com Robert Halfoun

Ao aterrissar no Rio, Laurent decolou. Bastou um ano para assumir como chef principal do Saint-Honoré, onde buscava praticar a *nouvelle cuisine* empregando a riqueza de sabores brasileiros.

Laurent Suaudeau

sua imaginação voar: "Resolvi peitar a administração do hotel e usar os itens que eu mesmo encontrava, com os quais percebia que havia condições de fazer uma comida bacana". A fama de grande criador cresceu mais ainda a partir de 1986, quando inaugurou sua própria casa, o Laurent, num casarão em Botafogo, imediatamente coberto de glórias pela crítica. Em 1991, transplantou o restaurante para São Paulo, onde seguiu premiado por guias e publicações especializadas.

Após receber honrarias como a Ordem do Rio Branco, pelo presidente Fernando Henrique Cardoso, em 1997, e a Ordem do Mérito Agrícola do governo francês, por seu trabalho na divulgação da culinária do país, Laurent iniciou a terceira fase de sua carreira. Em 2000, trocou o restaurante pela sala de aula – outra espécie de cozinha –, ao fundar a Escola das Artes Culinárias Laurent (EAC), em São Paulo. Lá, tem compartilhado sua experiência com chefs de cozinha, gerentes de alimentos e bebidas, donos de restaurantes e hoteleiros, ajudando a elevar o nível da gastronomia nacional por diferentes ângulos: conceitual, estratégico e técnico. Ele ainda atua como consultor gastronômico, palestrante e assessor de restaurantes e hotéis. "A profissão precisa de menos efeito e mais conteúdo", disse o francês, em 2015, quando assumiu a posição de chef executivo do restaurante Káa, em São Paulo, reafirmando a disposição de trabalhar na evolução da boa mesa nacional. E acrescentou: "Quando cheguei ao Brasil, os grandes produtos gastronômicos de exportação eram a feijoada e a caipirinha, acompanhados de uma mulata. Já avançamos muito, mas ainda é preciso mais".

Pérolas do chef

Entradas

Mousseline de mandioquinha
com caviar

Lagostim com *blinis* de
tapioca e *velouté* de coco

Principais

Lasanha de palmito e
camarão ao molho *bisque*

Peito de pato ao molho de jabuticaba

Sobremesa

Caju com doce de leite
e emulsão de cachaça e coco

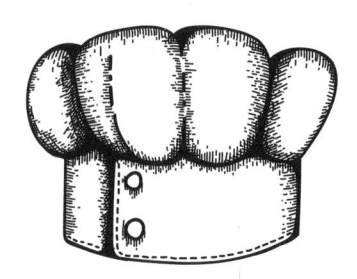

Claude Troisgros,
l'extraordinaire

Celebridade televisiva. Empreendedor de sucesso. Maior embaixador da culinária francesa no Brasil. É difícil saber qual das muitas facetas do chef merece mais destaque.

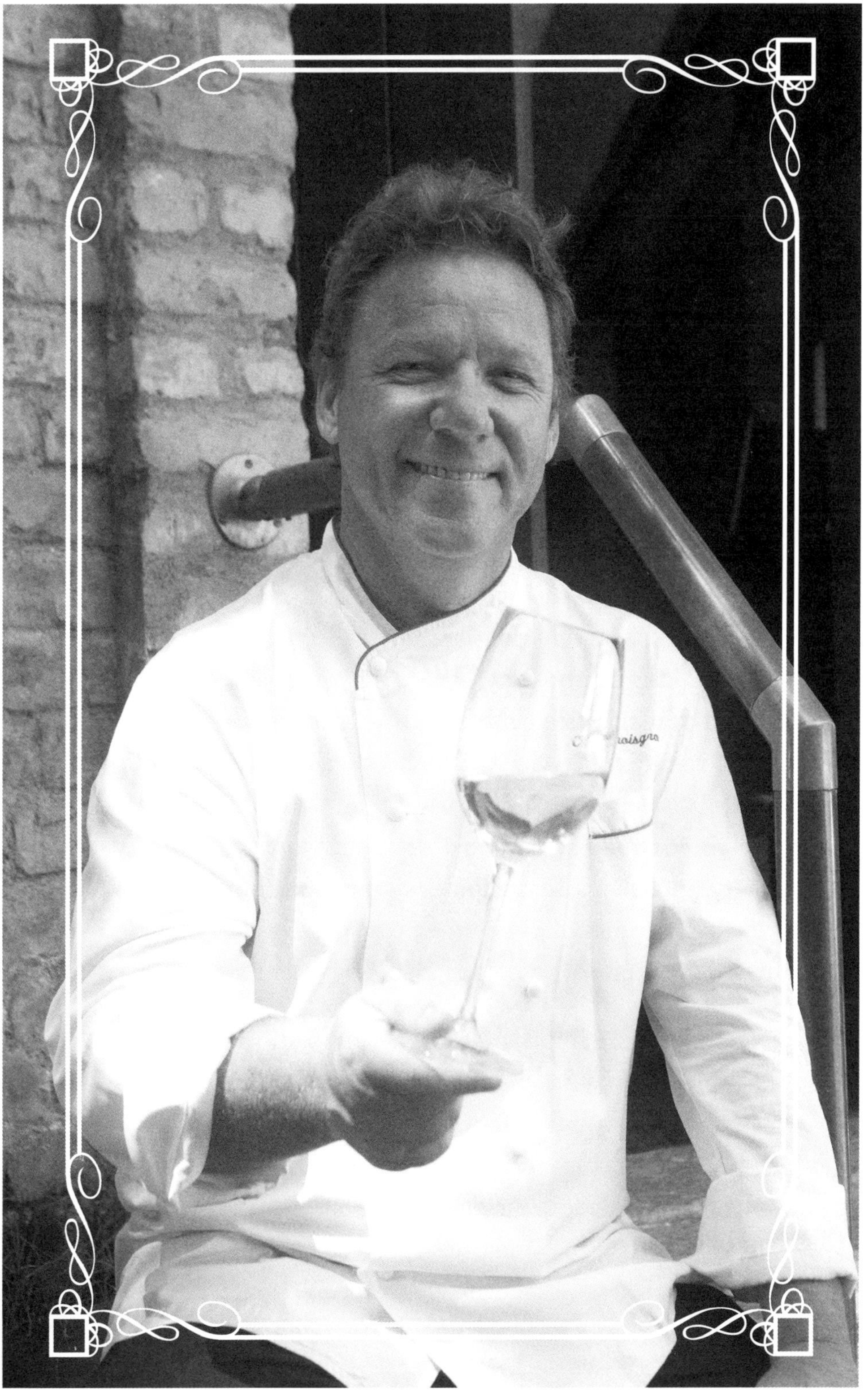

O francês de Roanne, nascido em 1956, é descendente de um dos mais tradicionais clãs da gastronomia de seu país. Mas foi no Rio de Janeiro, que Troisgros ganhou luz própria com sua comida inventiva e refinada, na qual une apuradas técnicas da culinária clássica com as inovações herdadas da *nouvelle cuisine* e ingredientes brasileiros.

Claude é neto de Jean-Baptiste Troisgros, fundador da Maison Troisgros, um dos mais renomados restaurantes da região de Lyon, detentor de três estrelas *Michelin*. É filho de Pierre Troisgros, um dos criadores do movimento conhecido como *nouvelle cuisine* nas décadas de 1960 e 1970. Aos 6 anos, assinou com um dos amigos do pai uma espécie de contrato de aprendiz, a ser cumprido quando chegasse aos 16. Nome do amigo: Paul Bocuse. Mais de uma vez, Claude repetiu essas frases para resumir seu interesse pela culinária: "Minha rotina era da escola para o restaurante e vice-versa, até os 16 anos. Não decidi, eu nasci cozinheiro, não cheguei a considerar outra possibilidade". Depois de cursar gastronomia na tradicional Escola de Hotelaria Thonon-Le-Bains, foi acolhido por um grande mestre, Gaston Lenôtre, que propôs a ele, em 1979, o desafio de assumir a cozinha do restaurante Le Pre Catelan, no Hotel Rio Palace.

Aos 23 anos, o filho de Pierre chegou ao Rio e se deparou com uma história não muito diferente da de outros chefs estrangeiros. "A minha escola sempre foi a do ingrediente fresco, da estação, do pequeno produtor. A solução foi garimpar nas feiras novas possibilidades", disse Claude. Suas exuberantes criações, primeiro no Le Pré Catelan e depois em restaurante próprio, batizado com seu nome, davam ares franceses a ingredientes como

Ricardo Amaral com Robert Halfoun

Aos 23 anos, o filho de Pierre Troigros chegou ao Rio em busca de ingredientes frescos e pequenos produtores. "A solução foi garimpar nas feiras por novas possibilidades." Então, dá ares franceses ao maracujá, aipim, palmito e também a rapadura.

Claude Troisgros

o maracujá, o aipim, o palmito e a rapadura, unidos ao *foie gras* e ao caviar. Além da pimenta-dedo-de-moça, pela qual Claude se apaixonou em uma viagem à Bahia. O sucesso no Rio fez com que ele estendesse os negócios a São Paulo (com o restaurante Roanne) e Nova York, nos anos 1990, onde abriu em sociedade com Ricardo Amaral e Sérgio Carvalho o seu primeiro CT, com direito a duas estrelas de Brian Miller no *New York Times*. Em 1997, de volta em definitivo ao Rio, assumiu a sua carioquice.

De lá para cá, consolidou um pequeno império culinário e midiático: ao lado do filho mais velho, Thomaz, comanda seis restaurantes na capital fluminense. Cada um com seu estilo: *brasserie*, casa de carnes, hamburgueria, *trattoria*, confeitaria e o carro-chefe do grupo, o Olympe, onde imprime toda a sua criatividade em inesquecíveis menus-degustação. Também mantém uma firma de *catering* para eventos seletos. Desde o final da década de 2000 é figurinha fácil na televisão, comandando programas de receitas e *reality shows*.

É legítimo *superstar* do nosso mundo gastronômico, tendo unido o sucesso nos negócios ao inegável carisma pessoal. Sem perder a mão de chef. "Cada prato precisa ter acidez, crocância e beleza, especialmente com o verde, que remete ao fresco, à natureza. E também tem que enfatizar a simplicidade e o respeito à tradição", afirmou, lembrando os ensinamentos do pai.

Curiosidade: em 1997, José Hugo Celidônio trouxe três craques para aulas no Gourmet e jantares no Hippopotamus. Eram eles Alain Chapel, Georges Blanc e Pierre Troisgros. Foi o papai Pierre que se apaixonou pelo Brasil e indicou seu filho para o Le Pre Catelan do amigo Lenôtre.

Pérolas do chef

Entradas

Vieiras com carpaccio e farofa
de palmito pupunha e doce de leite

Mousse de agrião e gorgonzola
em crepe crocante

Principais

Cherne com banana d'água
caramelizada e purê de baroa

Magret de pato com maracujá,
endívias caramelizadas e *foie gras*

Sobremesa

Crepe *passion*
(panqueca-soufflé com calda de maracujá)

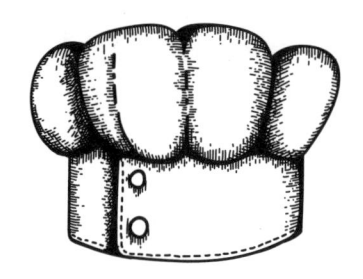

Luciano Boseggia,
italianíssimo

"Eu sou um dos melhores representantes da verdadeira cozinha italiana no Brasil", disse numa entrevista em 2013. Poucos poderiam soltar essa frase sem soarem pretensiosos. Ele pode.

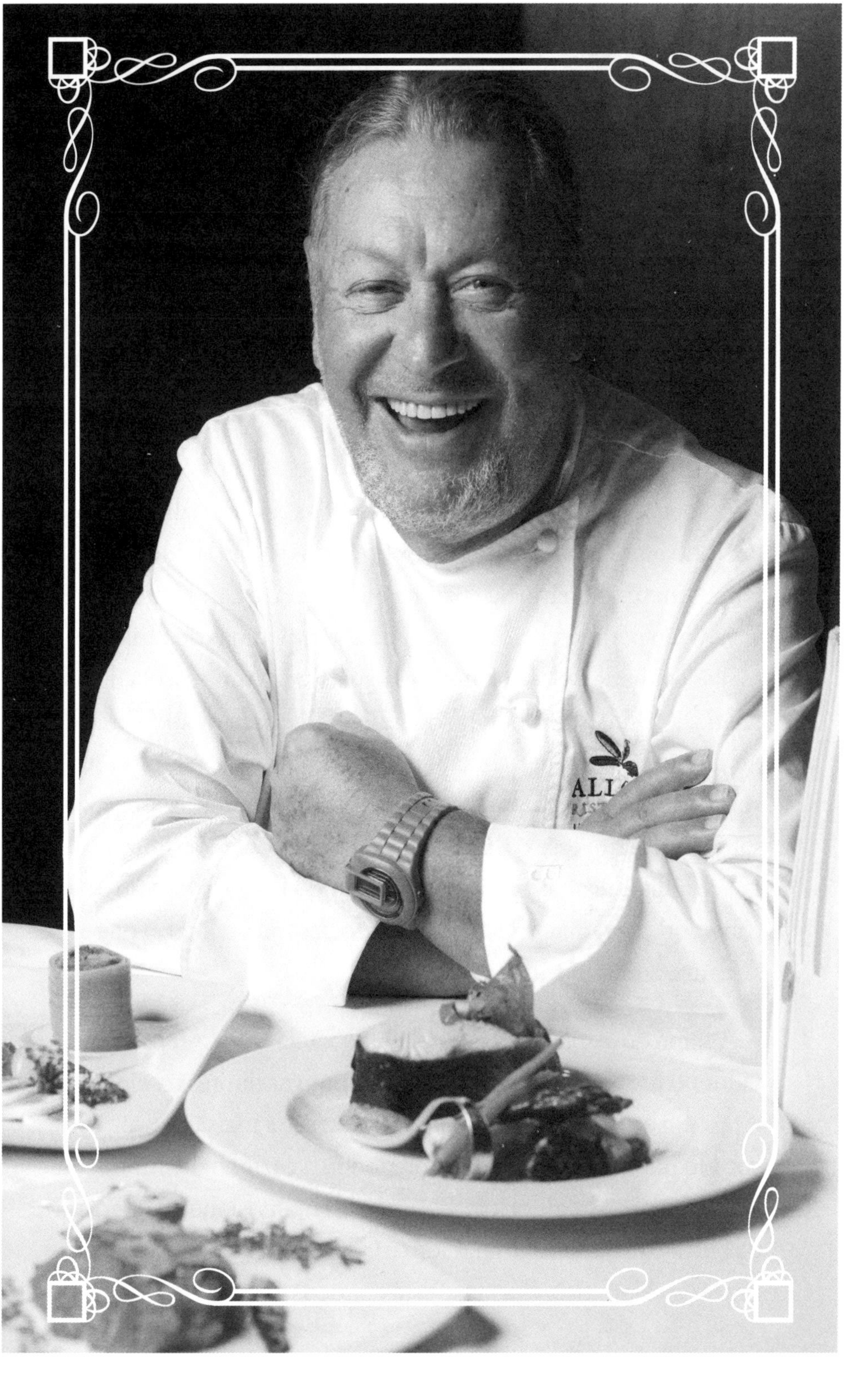

Não é qualquer um que ostenta em seu currículo o cargo de chef fundador do Fasano, templo da comida italiana em São Paulo, além de incontáveis láureas concedidas pela crítica especializada nos últimos 30 anos. Sempre às voltas com as receitas tradicionais de seu país, com técnicas e apresentações detalhistas e requintadas, o chef nascido na Lombardia, em 1948, na cidade de Castiglione delle Stiviere, é uma das figuras mais marcantes da história recente das gastronomias paulistana e carioca.

Começou a cozinhar aos 13 anos, por acaso. Trabalhava como faz-tudo em um hotel às margens do Lago di Garda. Um dia, faltou um funcionário da cozinha e Luciano se candidatou à vaga. Não parou mais. Cumpriu duas temporadas de férias no estabelecimento e foi encaminhado pelo pai a uma escola de hotelaria, por sugestão do dono do hotel. "Eu já era quase o braço direito do chef", contou o italiano. Especializou-se nas diferentes variações da culinária regional de sua terra com roupagens mais sofisticadas. Era esse o tipo de cardápio servido no restaurante La Vecchia Lugana, em Sirmione, quando Rogério Fasano o convidou para inaugurar a cozinha do Fasano original, o da rua Amauri, no Itaim Bibi.

A fama do *ossobuco*, da costeleta de vitela e do *tiramisù* servidos no restaurante paulistano suplantou os limites da cidade. Após um curto retorno à Itália, Luciano seria mais uma vez convocado por Rogério Fasano. Comandou a cozinha do imponente Fasano, na rua Haddock Lobo, e ainda supervisionou a abertura de outras três casas: Parigi, Gero e Gero Caffé. Seus risotos tornaram-se lendários. Essa fase está condensada no livro

Ricardo Amaral com Robert Halfoun

A fama do *ossobuco*, da costeleta de vitela e do *tiramisù* servidos no Fasano de Boseggia suplantaram os limites da paulicéia. Assim como os rumores sobre o temperamento mercurial do chef, que já rendia casos famosos.

Luciano Boseggia

O restaurante Fasano e a cozinha de Luciano Boseggia (1993), no qual o chef apresenta sua filosofia culinária e repassa as receitas. Àquela altura, o temperamento mercurial do italiano já rendia vários causos famosos, como o bate-boca com um cliente do Fasano que cismou ter comido frango em vez do coelho anunciado no cardápio. Segundo o próprio, o estilo turrão é só fachada: "Às vezes, sou meio estourado, mando todo mundo para aquele lugar e jogo panela na cozinha, mas nunca as jogo em alguém".

Em 1999, saiu em carreira solo, inaugurando o Cardinale, no Shopping Pátio Higienópolis, em São Paulo. Começava uma fase de empreendimentos bem cotados, mas de curta duração: a Osteria Don Boseggia e depois o Palazzo Grimaldi. Por um tempo, dedicou-se a dar consultoria e aulas nas Faculdades Metropolitanas Unidas (FMU) e Anhembi Morumbi. A volta por cima se deu com vista para a praia de Copacabana. Atendendo à convocação do gerente de alimentos e bebidas do Hotel Windsor Atlântica, Giancarlo Pochettino, Luciano formatou o primeiro restaurante de alta gastronomia da rede, o Alloro. Inaugurado em 2011, logo consagrou-se como o italiano mais premiado da cidade, competindo direta e ironicamente com o Gero, do ex-patrão Fasano.

"Eu perambulava para lá e para cá, tinha o nome arranhado e me dei a chance de dar a volta por cima, de fazer tudo de novo", disse Luciano, em 2014, sobre seu recomeço carioca. Sempre fiel às tradições. "Lógico que você pode dar uma leveza a um prato clássico, mas a minha cozinha é purista e eu não descolo da minha raiz, que é muito marcante."

Pérolas do chef

Entradas

Polenta branca com lulas em sua tinta

"Rosa" de bacalhau
com creme de tomate

Principais

Ossobuco de vitelo com
risoto à milanesa

Risoto com frutos do mar

Sobremesa

Tiramisù

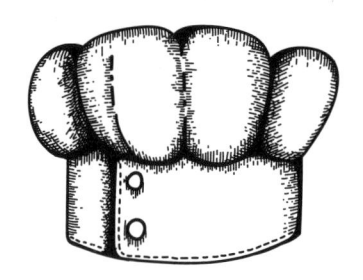

Roland Villard,
o criativo

No Brasil desde 1997, o chef francês mergulhou na nossa cozinha, criou muito, ganhou prêmios. Agora, ajuda a filial da mais renomada escola de culinária do mundo.

Roland Villard
Chef de Cuisine

Há alguns anos, Roland Villard declarou: "Outros chefs que chegaram antes de mim já haviam desenvolvido a gastronomia francesa adaptada a produtos brasileiros. Para mim, um restaurante francês é diferente dos outros restaurantes. É a única cozinha no mundo que tem tanta diversidade, que é aliada ao perfil do chef de cozinha e que pode acompanhar qualquer produto, mas respeitando a finalização da receita".

Diferentemente dos compatriotas que o precederam, como Claude Troisgros ou Laurent Suaudeau, Villard não era um chef iniciante quando desembarcou por aqui. Desde a infância, passada em Saint-Etienne, na região de Lyon, demonstrou interesse pela cozinha. Aos 16 anos, ingressou na escola de gastronomia de Chantilly, em Paris. Dois anos depois, formado, iniciou sua carreira profissional sem esconder a segunda paixão: "Uma das coisas que me motivou a entrar no ramo da gastronomia foi a possibilidade de viajar". Recebeu seu batismo de fogo, aos 28 anos, como *sous chef* em um grande hotel na Costa do Marfim, na África. "Quando saí da França, descobri este mundo diferente da gastronomia, onde aprendi liderança, gestão, administração, responsabilidade de acompanhar uma equipe e de mudar um cardápio. Tudo isso foi muito interessante".

Chegou ao Le Pré Catelan – restaurante que revelou Claude Troisgros –, e logo começou a reinterpretar as tradições locais. Ajudou a trazer para o eixo Rio-São Paulo os ingredientes amazônicos, usando peixes como o pirarucu, o tambaqui, o tucunaré; além de frutas como o bacuri e o cupuaçu em seus

Ricardo Amaral com Robert Halfoun

Diferentemente dos compatriotas que o precederam, Villard não era um chef iniciante quando aportou por aqui. Seu menu franco-amazônico virou um clássico instantâneo.

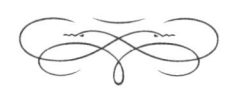

Roland Villard

cardápios. Seu menu amazônico tornou-se um clássico do Le Pré Catelan. Depois mergulhou no que há de mais simples e caseiro na comida brasileira para inventar um cardápio todo dedicado ao arroz com feijão. O processo criativo envolveu pesquisas e testes com mais de 25 tipos de grãos diferentes, usados em caldos, recheios, risotos e como base de massas. Vasculhando a conexão histórica entre Brasil e França, criou o Menu Villegagnon, no qual imaginou pratos que pudessem ser servidos na época da França Antártica (a breve colônia francesa instalada na Baía da Guanabara, no século XVI). Essas e outras invenções lhe valeram prêmios de chef do ano em publicações como *Veja Rio*, *Guia Quatro Rodas* e revista *Gula*, além de ver o Le Pré Catelan ser eleito um dos melhores restaurantes de hotel do mundo, segundo a *World Hotel Magazine*.

Literalmente incansável, fez de si mesmo um exemplo de alimentação saudável. À base de exercícios e dieta, emagreceu quase 30 quilos e aproveitou a experiência para lançar o livro *Dieta do chef: alta gastronomia de baixa caloria*. Ainda hoje milita pela disseminação do cultivo e do consumo de alimentos orgânicos. Ao longo da carreira, contabilizou a criação de 1.800 receitas e coroou sua trajetória ajudando a viabilizar a instalação do Le Cordon Bleu no Rio de Janeiro, em 2010. "A abertura da escola me motiva muito. No Brasil, atualmente, a gastronomia está reservada a uma certa elite da população, o que não é normal. A gastronomia é uma profissão que devia estar aberta para todos", afirmou em 2013.

Pérolas do chef

Entradas

Duo de *foie gras*: *terrine* empanada com avelã, frutas secas caramelizadas e *chutney* de goiabada cascão

Fricassé de cavaquinha com purê de batata baroa, *bisque* com emulsão de azeite de oliva

Principais

Pirarucu em crosta de caju, caldo de tucupi e jambu

Filé de robalo sobre purê de banana-da-terra, emulsão amazonense, farofa de castanha-do-pará com alcaparras

Sobremesa

Surpresa de chocolate e creme de coco, sorvetes de açaí, cupuaçu e taperebá

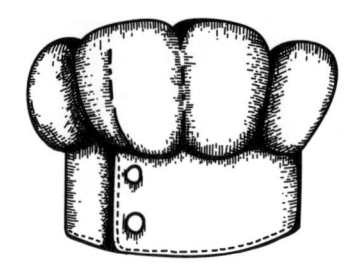

Roberta Sudbrack,
orgulho

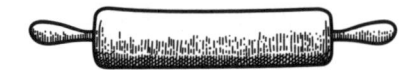

Em agosto de 2015, o ranking anual dos melhores restaurantes do mundo divulgado pela revista britânica *Restaurant* sentenciou: ela é a mais importante chef mulher da América Latina.

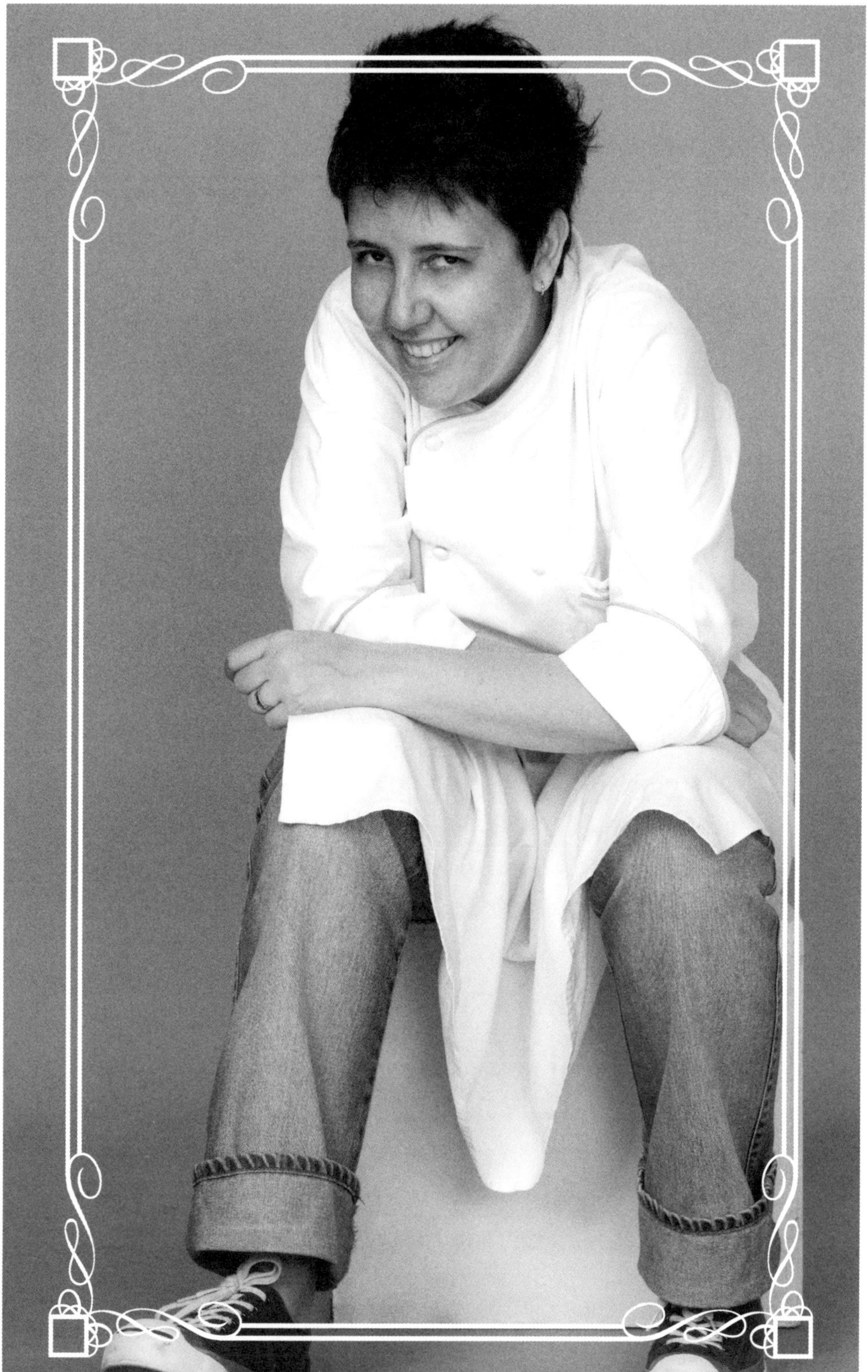

Ela diz: "Fiz minha cozinha com muita naturalidade remando contra a maré. O reconhecimento tem a ver com essa verdade que a gente prega há tantos anos". O caminho que levou Roberta à cozinha também foi longo, e cheio de curvas. Nascida em Porto Alegre, em 1969, passou a infância em Brasília. O interesse diletante pelas panelas tornou-se ofício quando, num momento de aperto financeiro familiar, montou uma carrocinha de cachorro-quente... com salsicha artesanal e molho secreto feito por sua avó, Iracema. O lucro obtido bancou seu ingresso na faculdade de veterinária, em Washington (EUA). E foi lá, morando sozinha e vendo-se obrigada a cozinhar para si mesma, que Roberta descobriu que realmente tinha aptidão para a coisa. Autodidata, afundou-se em livros de técnicas e compêndios de receitas, em uma fase que hoje classifica de "laboratório solitário".

No retorno a Brasília, continuou os estudos e passou a oferecer jantares em residências particulares. Numa dessas noites, o então presidente da República, Fernando Henrique Cardoso, era um dos convidados. "Achei que seria uma vez na vida, que eu colocaria no currículo que havia cozinhado para o presidente e ponto", brincou. O resto é história.

Em 1997, depois de assinar o cardápio de alguns eventos no Palácio da Alvorada, Roberta foi convidada a ser a primeira mulher a comandar a cozinha da residência presidencial. Foram seis anos preparando menus para chefes de Estado de todo o mundo e afinando uma visão muito particular da comida brasileira.

Ricardo Amaral com Robert Halfoun

Roberta fazia jantares particulares em Brasília. Numa dessas noites, o presidente Fernando Henrique Cardoso era um dos convidados. Pouco depois, lá estava ela comandando a cozinha do Palácio da Alvorada.

Roberta Sudbrack

Em seu restaurante aberto no Rio de Janeiro, logo após deixar o Alvorada, Roberta busca o despojamento na estrutura e uma sofisticação inerente à forma e aos sabores. Gosta de eleger ingredientes nem sempre valorizados: quiabo, chuchu, maxixe, jaca, fruta-pão. Depois os veste com apresentações surpreendentes, minimalistas. A cada ano, renova completamente o cardápio (que prefere chamar de "coleção", como se fosse estilista). Tudo o que faz é baseado em intensa pesquisa de matérias-primas coletadas com produtores artesanais, sempre a serviço do sabor essencial. Sua cozinha, extremamente autoral (todas as noites é ela quem supervisiona, pessoalmente, cada detalhe do serviço de jantar), logo ganhou entusiasmados elogios da crítica e de colegas de renome. Alex Atala foi um dos primeiros fãs declarados, o que fez com que as atenções do Brasil e do mundo se voltassem para Roberta. A pilha de premiações de revistas e de votações de especialistas não parou mais de crescer.

Instigada a definir sua arte, Roberta sentenciou: "É uma cozinha sofisticada, mas a base é muito simples. Minha cozinha se expressa com modernidade, mas preserva uma forte ligação afetiva. Uma lembrança, aquele cheirinho do fogão à lenha ou a história de raspar o tacho. O que nós queremos mostrar aqui é que o ingrediente precisa aparecer. O grande erro que acontece na gastronomia é o cozinheiro achar que ele é que tem que aparecer. Quem tem que aparecer é o prato".

Pérolas da chef

Principais

Camarão com chuchu

Tartare de abóbora

Quiabo defumado e camarão semicozido

Curau, caviar e pele de banana

Sobremesa

Bomboloni

Bolo molhado de chocolate e fruta-pão

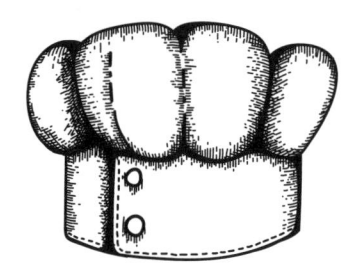

Mara Salles,

desbravadora de sabores

Tordesilhas era o nome do vilarejo ibérico no qual, em 1494, os reis de Portugal e da Espanha se reuniram para "dividir as terras descobertas e por descobrir" por ambas as nações em suas navegações fora da Europa. Também foi o nome escolhido para batizar o restaurante da chef que não se cansa de explorar novos territórios.

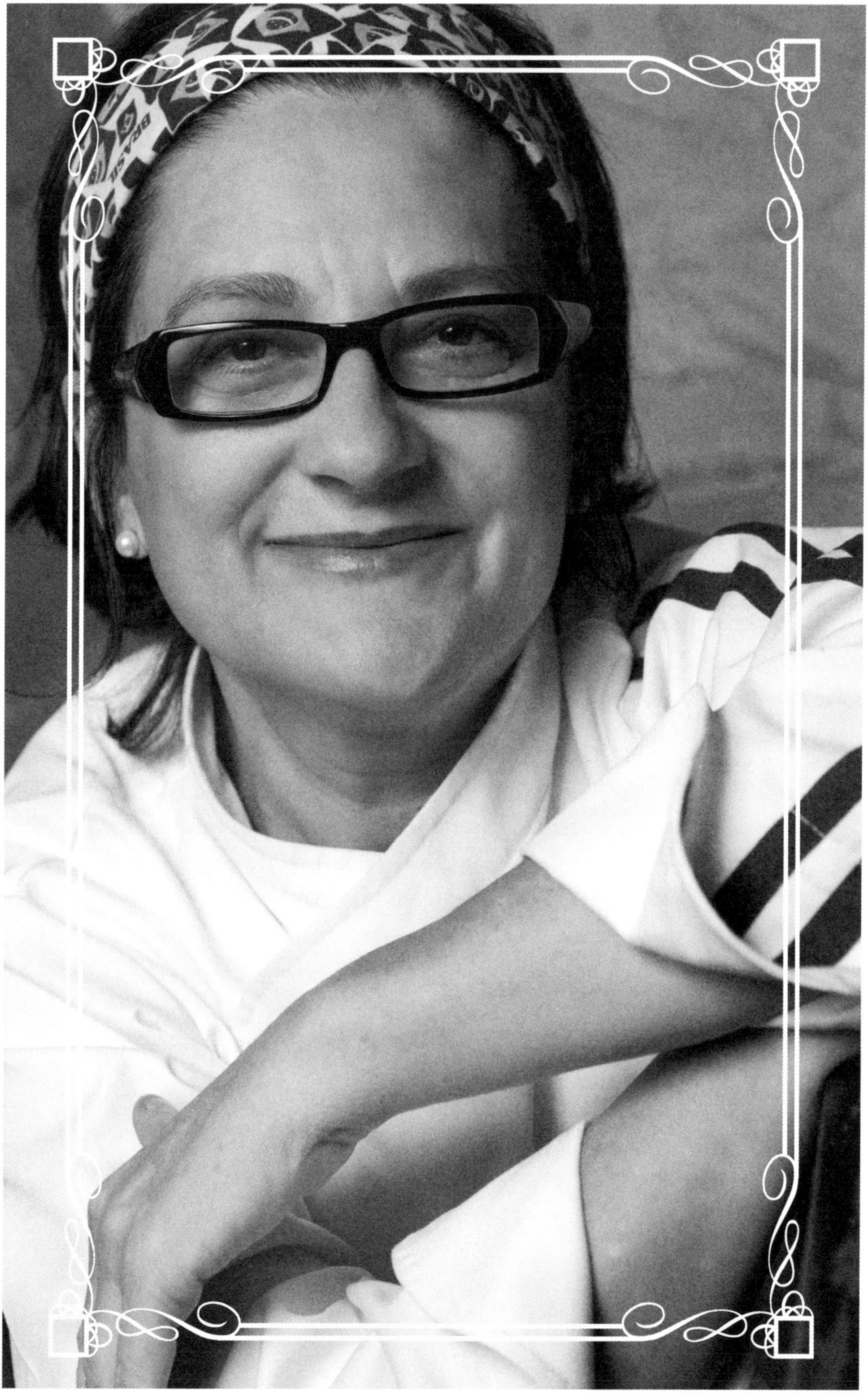

Nos últimos 25 anos, o restaurante Tordesilhas virou sinônimo de comida brasileira elevada ao mais alto nível de execução. E o trabalho de Mara na valorização da culinária tradicional de todas as regiões do Brasil se tornou referência para seus pares.

Mara nasceu e cresceu na roça. Na fazenda da família, em Penápolis, a 500 quilômetros de São Paulo, onde foi criada com outros oito irmãos. Daquele período, ela revelaria anos mais tarde, ficariam um senso de disciplina forte ("Havia muito, muito trabalho em casa, e a gente tinha que ajudar não apenas na cozinha, mas em quase tudo"), a inspiração inicial vinda da mãe ("Cozinhava porque minha mãe cozinhava") e a proximidade com os produtos que a terra dava ("Tínhamos gado de leite e o porco era a principal carne. Plantávamos café, arroz, feijão, hortaliças, amendoim e frutas, silvestres inclusive"). A roça, aliás, a acompanhou até a hora de abrir o primeiro restaurante, em parceria com a mãe, já na capital (no bairro de Perdizes). Nome: Roça Nova. Foi quando Mara largou o emprego num banco para assumir de vez a cozinha.

Com o empreendimento seguinte, o Tordesilhas, inaugurado em 1990, expandiria de vez seus horizontes, sem tirar os pés do *terroir*. Com o propósito de "um trabalho de afirmação da cozinha tradicional brasileira", a nova casa concentrava os conhecimentos que Mara acumulou – e não parou mais de acumular – sobre ingredientes, receitas e técnicas coletados por todo o país. Dos sabores da Amazônia à comida urbana de São Paulo, passando pelo Nordeste, pelo cerrado e por Minas Gerais, tudo isso cabia no cardápio.

Ricardo Amaral com Robert Halfoun

Mara cresceu na roça, que a acompanhou até a hora de abrir seu primeiro restaurante, com a mãe, em São Paulo: o Roça Nova. Foi quando ela largou o emprego num banco para assumir de vez a cozinha.

Mara Salles

Paralelamente ao sucesso do restaurante, diversas vezes premiado como a melhor casa de comida brasileira de São Paulo, Mara levantava a bandeira da "afirmação" em outras frentes. Em 1991, começou a promover, anualmente, a Semana da Cozinha Regional Brasileira, enfocando ingredientes originais de diversas regiões e seus preparos adequados. Criou o Clube da Comida Brasileira, fórum para discutir o passado, o presente e o futuro de nossa culinária. E, desde 2000, quando foi inaugurado o primeiro curso superior de gastronomia no país, na Universidade Anhembi Morumbi, atua como professora titular da cadeira Cozinha Brasileira.

Expressava sua preocupação com a preservação de sabores regionais através de iniciativas como os eventos temáticos Tem Mas Tá Acabando, fundamentado em menus que incluíam ingredientes ameaçados de extinção; e o Terruá Pará, dedicado aos clássicos da cozinha paraense. Essas ações realizadas no Tordesilhas também evidenciavam culturas culinárias e matérias-primas específicas. Que tal um cardápio elaborado a partir do queijo da Serra da Canastra (MG)? Ou uma celebração das pimentas brasileiras? Quem sabe uma nova confraria para estudar harmonizações de vinhos com pratos típicos?

Em depoimento a Sergio Villas-Boas, falou sobre sua imagem pública e toda essa multiplicidade de projetos: "Você tem que aparecer sem se desgastar. Até porque não sou marqueteira, aliás, nem gosto dessa palavra. Se eu tivesse total liberdade de escolha, só ficaria dentro da minha cozinha. De vez em quando, criaria alguns almoços ou jantares em eventos específicos, fora daqui, desde que a experiência pudesse me ensinar algo novo também".

Pérolas da chef

Entradas

Bolinho de pirarucu e conserva de maxixe

Arrumadinho pernambucano
(feijão-de-corda, carne-seca, farinha e vinagrete)

Principais

Moqueca capixaba
de peixe e camarão

Ripa de costelinha de porco
com risoto mulato e couve

Sobremesa

Pudim de tapioca com baba de moça

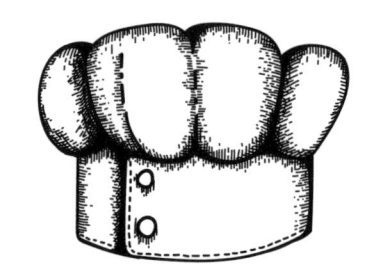

José Hugo Celidônio,

o gourmet

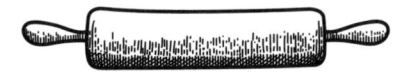

Ele praticamente inventou o conceito de chef-celebridade no Brasil. Ajudou a popularizar o termo *gourmet* e, por décadas, foi um dos mais consagrados *restaurateurs* em atividade no Rio de Janeiro.

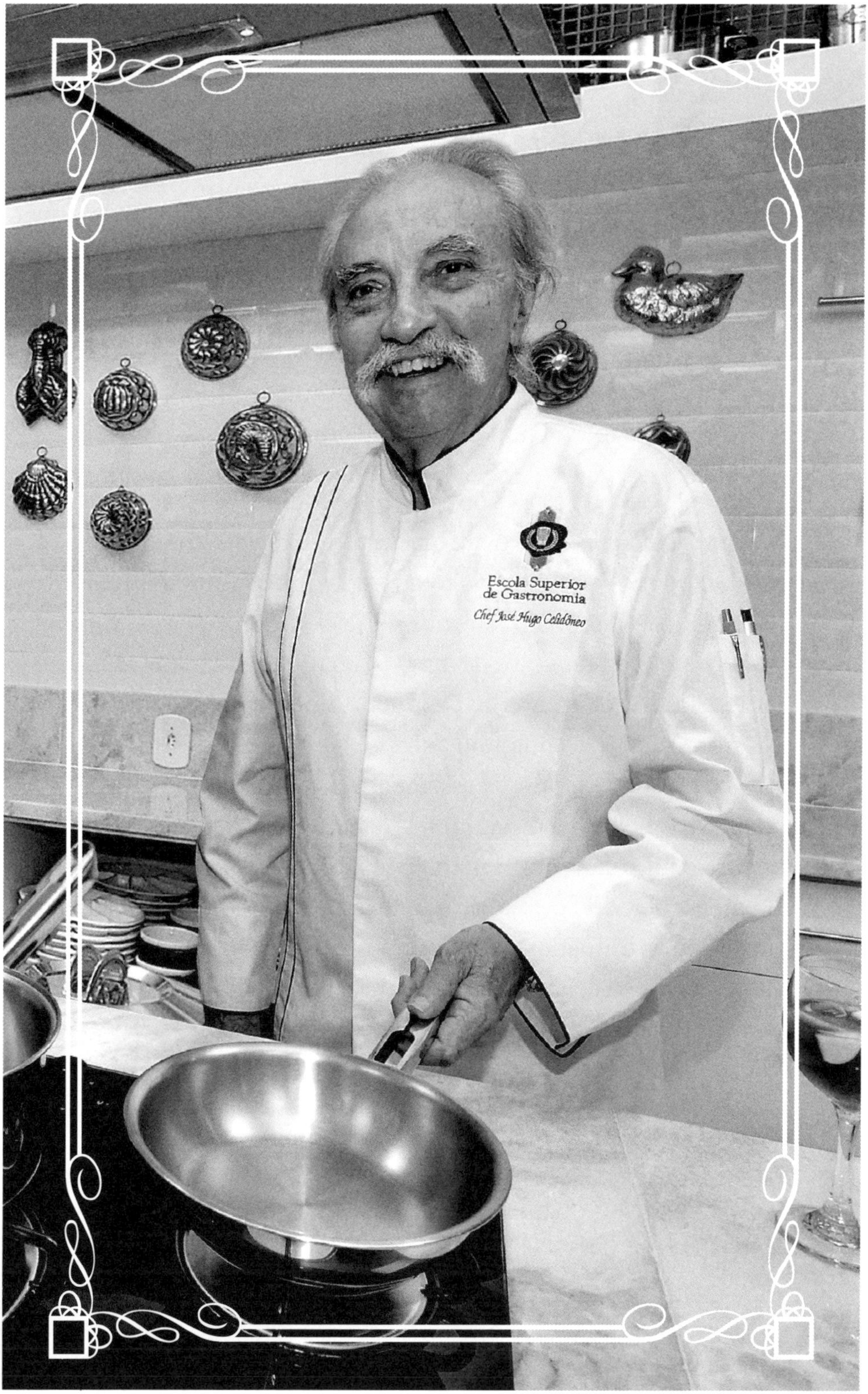
Escola Superior
de Gastronomia
Chef José Hugo Celidôneo

José Hugo Celidônio – ou apenas Zé Hugo, para sua imensa legião de amigos e admiradores – trabalhou, incansavelmente, e ainda trabalha pela evolução da culinária brasileira, dentro e fora dos restaurantes. Ele foi também o responsável pela formação de diversos nomes que brilham atualmente na gastronomia carioca. "Hoje é chique saber cozinhar. Quando comecei minha vida, não era assim. Não existia escola. Mas hoje as pessoas têm orgulho de trabalhar na cozinha", costuma dizer Celidônio, ele mesmo um experiente professor.

Nascido em São Paulo, em 1932, Celidônio foi autodidata. Sempre gostou de cozinhar e interessou-se mais a fundo pelo assunto quando passou uma temporada de dois anos em Paris, na década de 1950. No retorno ao Brasil, dedicou-se a administrar fazendas da família e de amigos, no norte do Paraná. Mais tarde estabeleceu-se no Rio de Janeiro, onde, com seu amigo Ricardo Amaral, frequentou aulas de gastronomia ministradas por Miguel de Carvalho. Passou então a alternar o trabalho como cozinheiro em restaurantes, como o da boate Flag, com os cursos informais de culinária que ministrava. Numa casa em Botafogo, perto do cemitério São João Batista, o chef recebia profissionais e amadores interessados em trocar ideias e conhecer técnicas e receitas mais modernas, já sob a influência da *nouvelle cuisine*. O nome do espaço:
Clube Gourmet.

Aquelas reuniões pioneiras pavimentaram o caminho da famosa invasão francesa aos restaurantes cariocas no fim da década de 1970. Celidônio foi um dos articuladores da vinda de Alain Chapel, à época um dos grandes nomes da culinária francesa, para uma série de jantares no Hippopotamus, em

Ricardo Amaral com Robert Halfoun

Ele ainda trabalha pela evolução da culinária brasileira, dentro e fora dos restaurantes. Foi também o responsável pela formação de diversos nomes que brilham atualmente na gastronomia carioca.

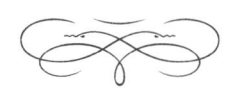

José Hugo Celidônio

1978. Nos anos seguintes, intermediou também visitas de nomes como Paul Bocuse, Georges Blanc e Pierre Troisgros, todos convidados de eventos concorridíssimos.

O Clube Gourmet virou restaurante em 1980 e logo se tornou uma das mais celebradas casas cariocas. Contribuiu no processo de modernização da gastronomia local, ao investir em apresentações mais elegantes e preparos mais leves. O cardápio mesclava influências italianas e francesas à tradição brasileira. Consta que Celidônio foi o introdutor do *carpaccio* no Rio de Janeiro, resgatando a receita que conhecera no Harry's Bar, de Veneza. "Muita gente estranhava aquela coisa de comer carne crua, mas eu insistia e quem provava, aprovava", lembrou o chef. Também deu roupagem mais contemporânea a clássicos regionais, como sua versão da moqueca baiana sem azeite de dendê, e adaptou pratos internacionais aos ingredientes locais (como na famosa *vichyssoise* de palmito). Foram 20 anos de sucesso, no decorrer dos quais diversos talentos foram revelados na cozinha do Clube Gourmet ou nas aulas dadas por Celidônio. Flávia Quaresma, Andrea Tinoco, Ana Ribeiro e Pedro de Artagão são alguns nomes que começaram as carreiras por lá.

Mesmo depois do fim do Clube Gourmet original, o chef não parou. Virou personalidade midiática, apresentando programas de receitas na TV, assinando artigos gastronômicos e lançando vários livros. De 2000 a 2014, manteve uma coluna semanal no jornal *O Globo*, na qual compartilhava suas receitas favoritas e dava dicas de técnicas e preparações, além de relatar causos saborosos e experiências pessoais. Nunca deixou de ministrar cursos, chegando até a dar aulas em universidades. "O segredo para manter a forma é não parar de trabalhar. Um chef não pode parar nunca. E eu não pretendo parar nunca."

Pérolas do chef

Entradas

Carpaccio de filé-mignon

Vichy Palm

Principais

Moqueca carioca

Picadinho do Gourmet

Sobremesa

Torta de chocolate com amêndoas crocantes

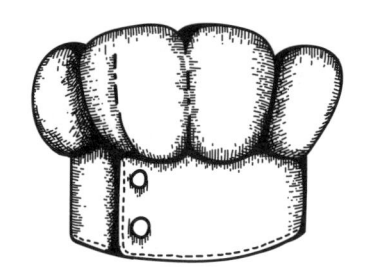

Helena Rizzo,

Brasil para o mundo ver

Maní é o nome da deusa tupi que, ao ser enterrada em sua própria oca, teria dado origem à mandioca. Também é o nome do restaurante de onde uma gaúcha nascida em 1978 surgiu para se tornar uma das chefs brasileiras mais festejadas em todo o mundo.

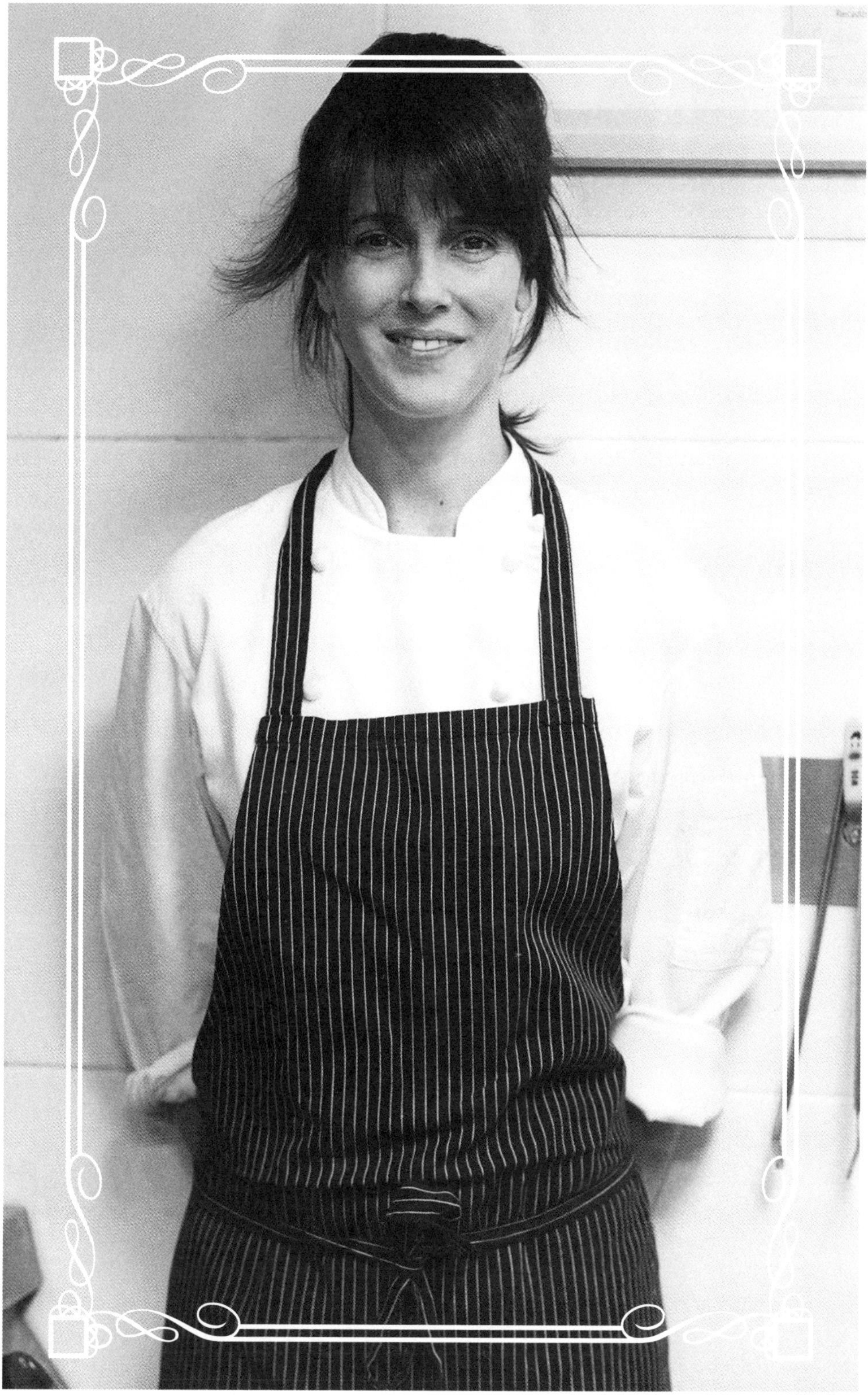

Palavras da chef: "Hoje as pessoas estão conscientes da grande diversidade de ingredientes da América do Sul. Sabem que temos uma cozinha nativa, genuína, influenciada por nossa rica história, cultura e *terroir*. No Brasil, há uma diversidade de ingredientes incríveis, e que a cada dia correm o risco de serem extintos: a mandioca, a jabuticaba, alguns tipos de farinhas, feijões e maracujás."

Apesar de ter paixão pela cozinha desde criança, Helena não assumiu o avental de primeira. De ascendência italiana, a genética lhe garantiu carreira como modelo, seguida até os 18 anos, quando saiu de Porto Alegre para se radicar de vez em São Paulo. Lá, "as coisas foram acontecendo naturalmente", segundo ela. Por "coisas", leia-se o início da carreira na culinária. "Como tinha muito tempo livre, fui atrás de estágios. O primeiro trabalho foi como garçonete. Depois, um estágio num restaurante francês. Na mesma época, também comecei a fazer jantares em festas e em casas de amigos...", contou. A temporada subsequente trabalhando em restaurantes na Europa (um ano na Itália e três na Espanha, incluindo passagem pelo El Celler de Can Roca), desviou de vez Helena da vida de modelo.

Voltou ao Brasil em 2004. Em 2006 abriu o Maní ao lado do então marido, o também chef Daniel Redondo. Fundamentou o cardápio num tripé que chama de "memórias, técnicas e cotidiano", priorizando vegetais e proteínas orgânicos, fornecidos por pequenos produtores. Influências mediterrâneas são aplicadas a ingredientes tipicamente brasileiros, com

Ricardo Amaral com Robert Halfoun

Helena não assumiu o avental de primeira. A genética de ascendência italiana lhe garantiu uma carreira como modelo. Mais tarde, uma temporada em restaurantes na Europa desviou de vez a chef da vida diante das câmeras.

ênfase em folhas, frutos, vegetais e raízes. As criações leves e surpreendentes do cardápio não tardariam a impressionar crítica e público, levando Helena a se transformar na primeira mulher a ganhar o prêmio de chef do ano da revista *Veja São Paulo*, em 2010. Em 2013, o Maní entrava, pela primeira vez, no ranking dos 50 melhores do mundo da revista *Restaurant*; no ano seguinte, receberia o Prêmio Veuve Clicquot de Melhor Chef Feminina do mundo. Ao agradecer a honraria, Helena disse: "Tentamos dar o nosso melhor todos os dias; às vezes, erramos, mas a gente também acerta... Tomara que este prêmio faça com que o mundo fique de olho no trabalho das cozinheiras e na gastronomia maravilhosa que temos no Brasil". Em 2015, a casa ganhou a primeira estrela no *Guia Michelin*.

O Maní se multiplicou. A chef agora também comanda a Padoca do Maní, uma padaria na mesma rua do restaurante-mãe, a Casa Manioca, um espaço para eventos e festas, e o restaurante Manioca, espaço mais despojado. Nos últimos anos, também tem se dedicado ao Centro de Cultura Culinária Câmara Cascudo (C5), associação que congrega acadêmicos e cozinheiros interessados em difundir a cozinha do país. Helena assumiu, em 2015, a presidência da instituição. "A gente acaba descobrindo ingredientes que nem se sabe de onde vêm, como se utilizam, qual é a sua história. Esse aprofundamento reflete muito no meu trabalho na cozinha", disse a gaúcha.

Pérolas da chef

Entradas

Ceviche de caju

Tortéis de pupunha com
creme de abóbora

Principais

Bochecha de boi com
purê de taioba e tutano

Mani-ocas (cozido com cenoura, inhame,
batata-roxa, cará, mandioquinha e raiz andina)

Sobremesa

Mil-folhas de lírio-do-brejo

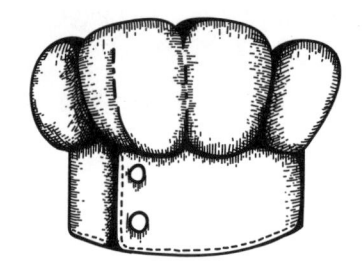

Jun Sakamoto,

precisão oriental

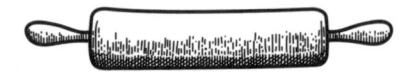

"Não sou chef, sou empresário."
A afirmação tem a ver com a visão
multidisciplinar que o chef tem da gastronomia,
O sucesso do restaurante que leva seu nome fez
dele o mais consagrado estilista da
cozinha nipônica no Brasil.

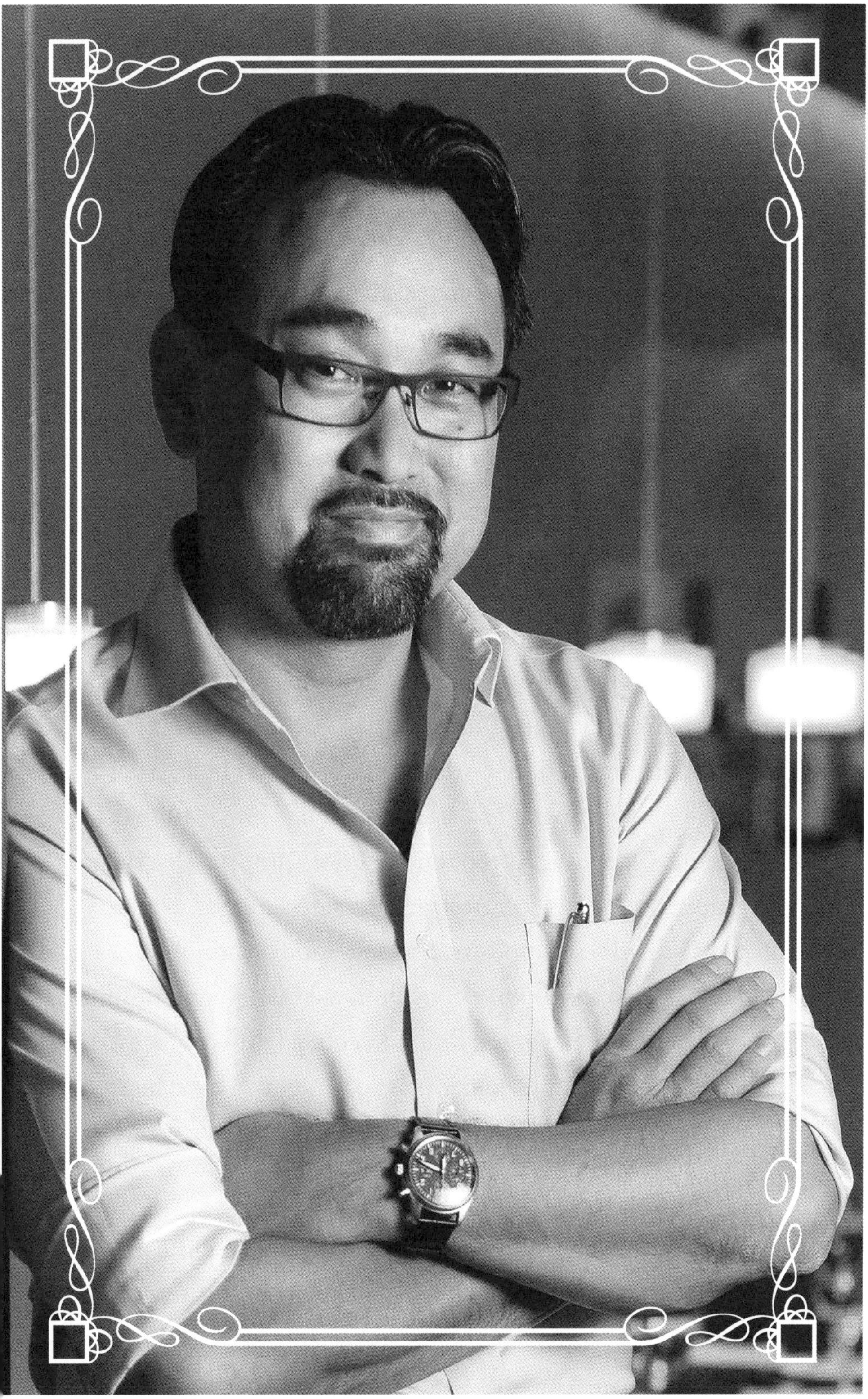

O grande reconhecimento do trabalho do chef lhe deu a chance de expandir seus negócios e, por tabela, difundir sua rigorosa filosofia. "Você não pode ter só o sonho, precisa ter o conhecimento. Eu demando que a pessoa que faz o arroz tenha a mesma atenção de um artesão. Trabalho as relações para garantir uma ótima qualidade."

A família Sakamoto chegou ao Brasil no começo da década de 1960. Radicados em Presidente Prudente (SP), tiveram um próspero negócio agrícola, plantando uva, melão e tomate. Jun absorveu o espírito empreendedor dos pais, mas nunca chegou a considerar a agricultura um meio de vida. Prestou vestibular para agronomia e não passou. Pensou em ser jogador de beisebol, fotógrafo e arquiteto. Esbarrou com a culinária durante uma estadia em Nova York. "Depois de passar três dias procurando emprego, de porta em porta, consegui uma vaga de ajudante de garçom. Em seis meses, eu já era gerente do restaurante", contou. Aprendeu por conta própria, observando de tudo: a cozinha, a administração, o atendimento. Na volta ao Brasil, dividia o tempo entre a faculdade de arquitetura e trabalhos como *sushiman* e consultor, até inaugurar o próprio estabelecimento. Levantou dinheiro com a família; graças às aulas de arquitetura, fez ele mesmo o projeto da casa; marretou paredes e cuidou das instalações elétrica e hidráulica com as próprias mãos.

O conceito do Jun Sakamoto, o restaurante, é radical ao extremo em artesanato e seletividade. Pequenino, tem ao todo 36 lugares. Dispõe de um balcão no qual o próprio Jun serve

Ricardo Amaral com Robert Halfoun

Um padrão fanático pela perfeição é a marca do chef: "Eu demando que a pessoa que faz o arroz tenha a mesma atenção de um artesão. Trabalho as relações para garantir uma ótima qualidade."

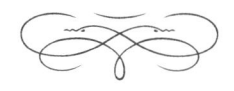

Jun Sakamoto

sushis aos comensais – oito pessoas por noite. Nenhuma a mais. Como o próprio Sakamoto gosta de dizer: "Infelizmente, como tudo na vida, o melhor produto é acessível apenas para uma minoria". Os privilegiados que têm acesso ao menu-degustação, preparado pelo chef, frequentemente, não conseguem descrever a experiência em palavras. Os sushis chegam em blocos de madeira, já devidamente temperados e servidos em uma ordem que não pode ser alterada. Os pratos quentes, a plasticidade das criações, o frescor absoluto dos ingredientes e as combinações inusitadas de suas receitas, além da atmosfera ritualística, fizeram com que a casa fosse o primeiro restaurante japonês do país a ganhar uma estrela no *Guia Michelin*. Num rasgo de modéstia, Sakamoto chegou a declarar, em 2011: "Não sou inventivo. Não tenho o dom da criação, então me esforço na qualidade da execução".

Em 2014, Sakamoto passou a oferecer uma versão mais acessível de sua arte com o JunJi (ou Jun filho, em japonês). Manteve na nova casa o mesmo padrão fanático de qualidade, prezando pelas matérias-primas e pela técnica apurada. Antes, provou ao mundo que sabia ir além dos sushis e sashimis ao inaugurar a Hamburgueria Nacional, que serve, em duas filiais em São Paulo, hambúrgueres (claro), saladas e sanduíches estilo deli nova-iorquina. "Gastronomia não é só ingrediente e técnica de preparo. É transferência de cultura, de informação. Não se faz só com o produto dentro do prato, mas com o prato, a mesa e a cadeira. Com o tipo de piso e revestimento da parede. Muito com o tipo de iluminação. É a harmonia de tudo isso."

Pérolas do chef

Principais

Tartar de atum e *foie gras*

Ostra empanada com caviar

Vieira chamuscada

Lula com sal negro do Havaí

Sobremesa

Sorvete de maçã verde
e gelatina de saquê

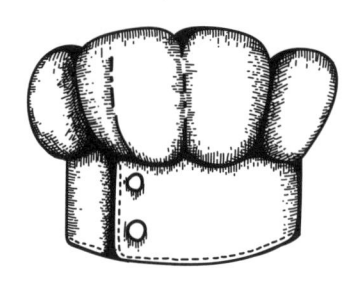

Edinho Engel,
a praia para comer

Minas Gerais não tem litoral. Isso não impediu que este legítimo mineiro, de Uberlândia, se transformasse num dos mais aplaudidos representantes da culinária praieira brasileira com influências baiana, caiçara e europeia, além de raízes interioranas.

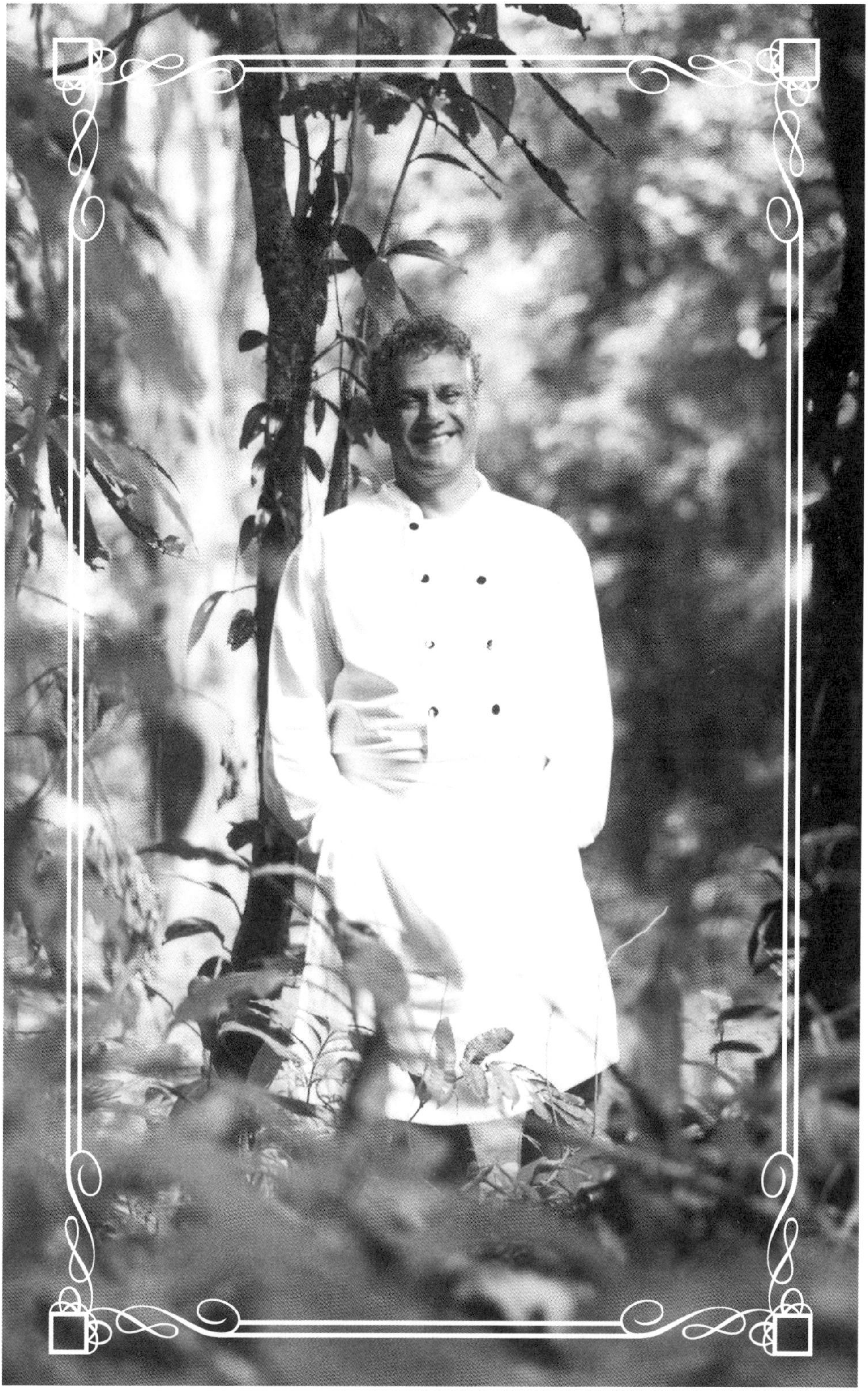

Edinho Engel, criador do restaurante Manacá, em Camburi, litoral norte de São Paulo, é um desbravador. Quando inaugurou a casa, em 1988, estava praticamente isolado entre o mato e o mar. Seu trabalho lançou nova luz sobre a gastronomia de beira de praia, apostando na harmonia do homem com a natureza. Dizia: "Quando criança eu entendia de pamonha, de porco, de milho, mas de mar nu,nca. Saí de Minas para São Paulo e de lá fui para o litoral, onde aprendi a manusear lulas, camarão, polvo e frutos do mar em geral."

Na casa da família, ele e os oito irmãos viviam em torno do fogão a lenha; a abordagem rústica, pé-no-chão, continua a marcar sua cozinha até hoje. Ao se mudar para São Paulo, no fim da década de 1970, a ideia oficial era estudar ciências sociais, mas, como o próprio chef assumiu, seu fraco era a comida mesmo. Começou a preparar delícias caseiras para complementar a renda: pão de queijo, empadinhas e biscoitos. Em 1980 abriu um restaurante de comida mineira.

O Manacá surgiu depois que Edinho, tendo fechado o primeiro restaurante, saiu em viagem, buscando novas referências. Aprofundou-se na culinária italiana e pesquisou ingredientes e receitas em diversas regiões do Brasil e da América do Sul. Seus estudos da cultura caiçara o levaram à valorização dos pescados e da vida em contato com a natureza. Quando aportou em Camburi, a região era praticamente deserta, frequentada apenas por surfistas. O embrião do Manacá era um espaço para servir café da manhã aos pegadores de onda. Enquanto o negócio crescia e atraía gente que vinha

Ricardo Amaral com Robert Halfoun

Edinho é um desbravador. Quando chegou ao ainda inexplorado litoral paulista, seu restaurante era apenas um espaço para servir café da manhã aos pegadores de onda. Então foi atraindo gente de outras praias.

Edinho Engel

da cidade grande para conhecer suas receitas, Edinho manteve-se em contato com cozinheiros paulistanos de renome, como Luciano Boseggia e Emmanuel Bassoleil, para reciclar e absorver novas técnicas e influências. Com o sucesso, vieram os festivais temáticos, atraindo a atenção da crítica, e a primeira carta de vinhos, assinada por Manoel Beato, *sommelier* do grupo Fasano.

Em 2007, sem abandonar o Manacá, Edinho deu outro salto, desta vez rumo à Bahia. Convidado pelo empresário soteropolitano Marcos Sampaio, transformou um restaurante que estava prestes a fechar em um lugar totalmente novo: o Amado. "Eu gosto dessa vida meio cigana. Então, minha trajetória me trouxe muito conhecimento e experiência. Sempre tento incorporar os ingredientes desses lugares à minha cozinha", afirmou à época. Sem abandonar sua especialidade em peixes e crustáceos, o chef se pôs a reinterpretar a culinária baiana, apropriando-se de vegetais e da variedade de carnes do sertão (de sol, de sereno, de fumeiro), utilizando-os em receitas refinadas. Rapidamente, o Amado igualou o sucesso do Manacá, rendendo-lhe prêmios e críticas elogiosas. Autodidata, viu-se prestigiado a ponto de ser escolhido como chef-padrinho do curso de gastronomia da Faculdade Estácio, em Salvador.

Não raro, deixa lição de quem sempre está disposto a arregaçar as mangas em busca de novos horizontes. "Quando comecei a cozinhar, a pessoa só se tornava um chef depois de muito tempo como cozinheiro. E eu acho isso essencial. Ninguém se forma chef, ser chef é uma conquista diária."

Pérolas do chef

Entradas

Foie gras com caju

Lambreta de molho
com vinho branco

Principais

Peixe Caiçara
(cozido com pimentão, salsinha e coentro, pirão,
arroz com coco e banana)

Papillote de peixe em folha de bananeira com
farofa de camarão, banana e alcaparra

Sobremesa

Abacaxi caramelizado com creme de tapioca,
sorvete de creme e renda de coco

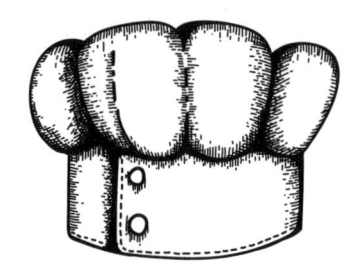

Rodrigo Oliveira,
alma nordestina

Mocotó é quase sinônimo de culinária simples: comida de sustança, saborosa, sem frescura. Curioso é ver que um restaurante batizado com o nome do ingrediente por vezes tão subestimado, tenha revelado um dos grandes nomes da gastronomia brasileira contemporânea.

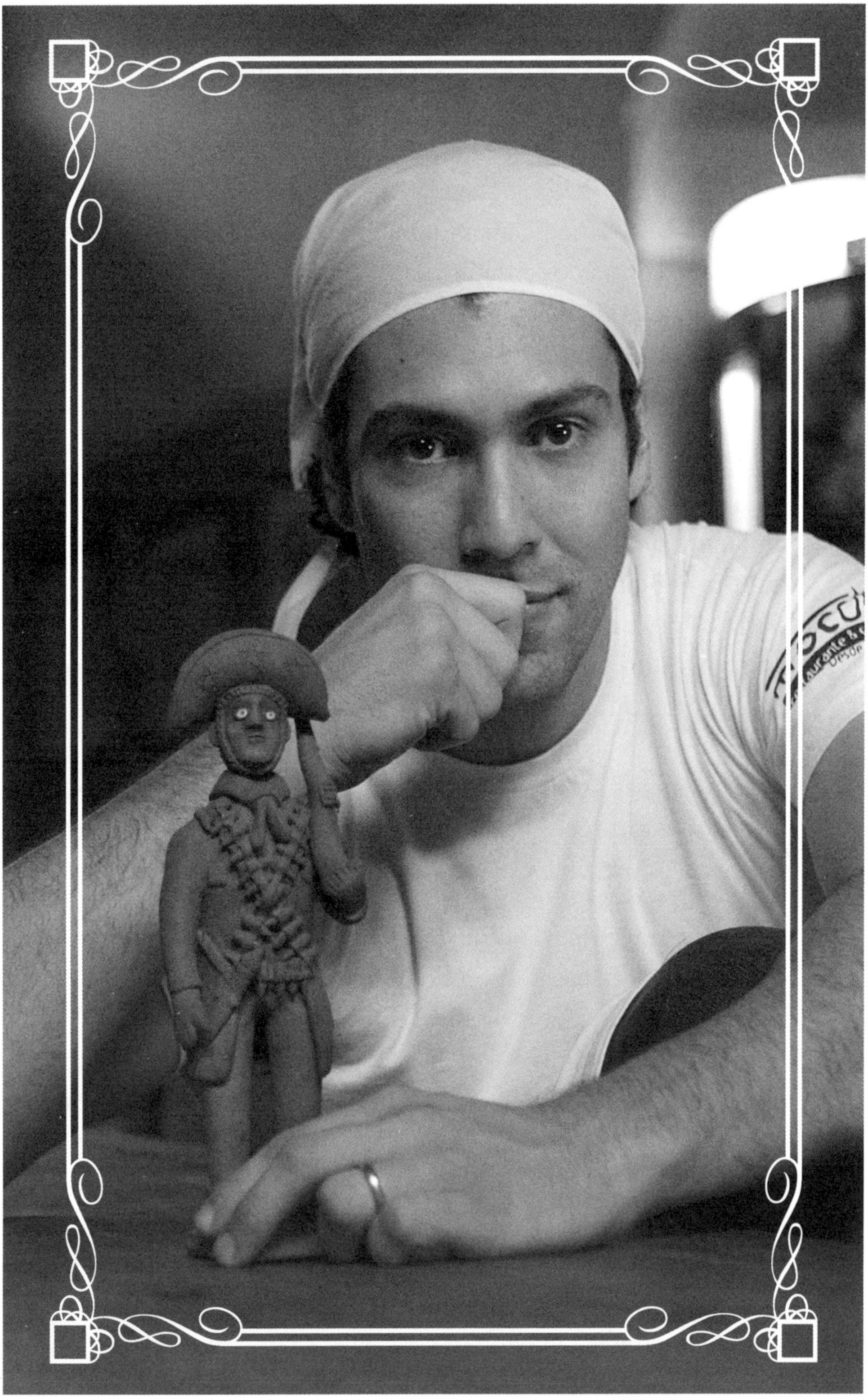

À frente do estabelecimento fundado por seu pai, Seu Zé Almeida, em 1974, Rodrigo Oliveira encanta seus pares e a crítica especializada ao trazer frescor e apuro técnico a pratos tradicionais da roça, do sertão e do subúrbio. Ou, como consta no cardápio do Mocotó: "comida brasileira, feita com artesanato". Ao abrir, Seu Zé só tinha uma pretensão: congregar os conterrâneos pernambucanos desgarrados em São Paulo, servindo seu afamado caldo de mocotó.

Desde pequeno, Rodrigo viaja com seus pais, todos os anos, para o sítio da família, no interior de Pernambuco. É lá, em ambiente rural, que afirma existir a presença mais forte dessa cultura original. Sobre suas memórias primordiais, Rodrigo narra: "Não consigo superar, de maneira alguma, o sabor da fruta madura comida no pé. Isso nenhum requinte gastronômico, nenhum esforço vai te aproximar daquela experiência, de tão rica, de tão verdadeira, de tão intensa. É inigualável". Com suas invenções no Mocotó, o chef procura compartilhar essas impressões e, de acordo com admiradores como Ferran Adriá, Anthony Bourdain e Gastón Acurio, vem tendo sucesso.

Aos 13 anos, Rodrigo começou a ajudar no negócio familiar, atendendo mesas, lavando pratos e carregando sacos de mantimentos. A história não difere muito da de outras famílias batalhadoras que têm a cozinha no sangue: o pai não queria que os filhos repetissem o duro caminho das panelas, e, por isso, Rodrigo foi cursar faculdade de engenharia ambiental. Mas, meio a contragosto do pai, o primogênito conseguiu dividir-se entre as aulas e o trabalho no restaurante. Até que a paixão pela culinária falou mais alto. Soube que o irmão de uma amiga cursava gastronomia, ficou curioso, correu atrás e acabou largando a engenharia.

Ricardo Amaral com Robert Halfoun

Ao abrir sua casa, Seu Zé Almeida, pai de Rodrigo, tinha uma pretensão: congregar os conterrâneos pernambucanos em São Paulo, servindo seu afamado caldo de mocotó. Aos 13 anos, o filho começou a ajudar no negócio.

Rodrigo Oliveira

Depois de estudar e estagiar em vários restaurantes, sob a supervisão de nomes como Laurent Suaudeau e Jefferson Rueda, e pesquisar ingredientes, conhecendo a fundo as origens de diversas tradições culinárias brasileiras, começou, paulatinamente, a dar uma cara nova ao velho Mocotó. Em 2006, após empreender uma viagem de 50 dias por vários estados do Nordeste, retornou cheio de ideias. Dois anos depois, seu nome surgia na lista dos melhores e mais promissores chefs do país.

A comida de Rodrigo percorre diferentes saberes e técnicas populares e os recodifica. Recupera os atolados e escondidinhos, dá ares de alta-roda a favoritos populares, como a dobradinha, a carne-seca acebolada e o baião de dois, e serve clássicos de boteco (torresmo, frango assado, carne de panela) como alentadas entradas. Sua obsessão com a tapioca inspirou um de seus pratos-assinatura – dadinhos de tapioca com queijo de coalho dourado e molho de pimenta agridoce –, e se espalha pelos cardápios que cria. Quando percebeu que sua criatividade não cabia apenas no restaurante do pai, inventou o Esquina Mocotó, onde atua ainda mais "desamarrado", misturando polvo com caldo de suã, nhoque de mandioca com tucupi e javali com cuscuz de milho e feijão-guandu.

"A gente pensa sempre em inclusividade, a gente quer ter um lugar inclusivo, e não exclusivo. Que todo mundo possa vir e a gente possa se concentrar em grandes produtos e processos artesanais, em um trabalho autoral, mas onde o foco seja isso: a comida e o serviço, o acolhimento", resumiu o chef em 2014.

Pérolas do chef

Entradas

Dadinhos de tapioca

Mocofava (mocotó com fava amarela, linguiça, bacon e carne-seca)

Principais

Atolado de bode

Paleta de cordeiro Velho Chico

Sobremesa

Tapioca doce com frutas frescas

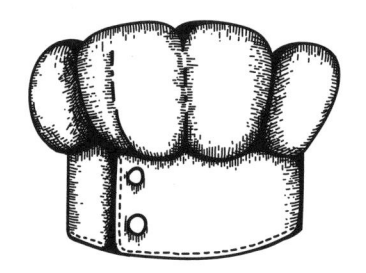

Thiago Castanho,
joia da Amazônia

Dois anos. Não levou mais do que isso para que o chef paraense emergisse da Floresta Amazônica rumo ao estrelato internacional.

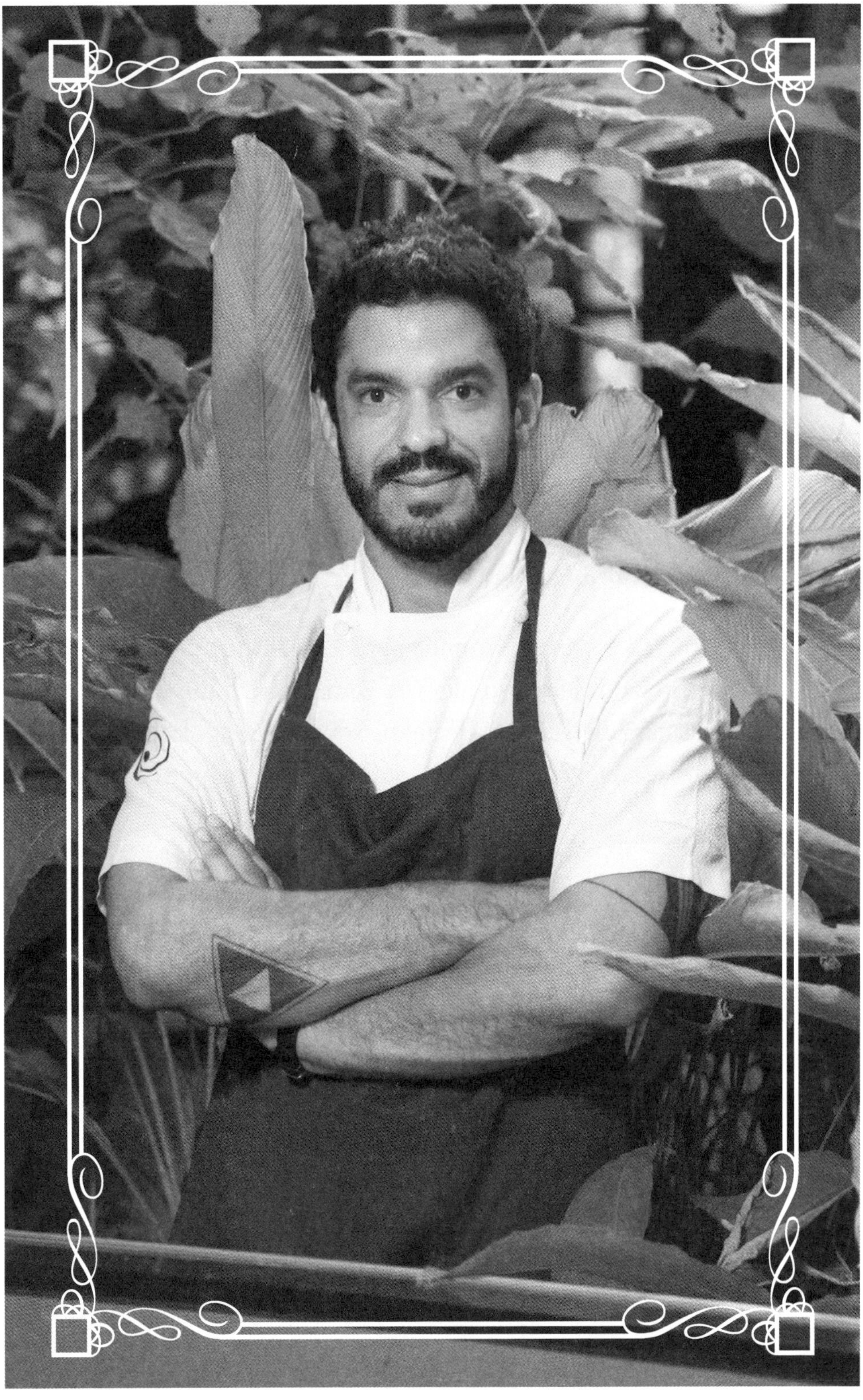

Diz a revista *Restaurant* sobre o Remanso do Bosque, restaurante aberto em Belém em dezembro de 2011: "É a casa de maior potencial em toda a América Latina". Thiago, que comanda a casa, é uma revelação na crescente legião de chefs que exploram a riqueza da culinária do Pará. "Quando as pessoas pensam na Amazônia, se lembram da floresta, mas esquecem que existem seres humanos vivendo por aqui há milhares de anos, experimentando os ingredientes a seu alcance. É um pouco subversivo pensar nisso, mas acho que é a hora de o resto do mundo conhecer algumas dessas criações sublimes", afirmou o chef em entrevista ao jornal americano *The New York Times*.

Cozinhar é assunto de família para Thiago, que é sócio do irmão Felipe no Remanso, além de comandarem juntos outra badalada casa em Belém, o Remanso do Peixe. As origens do premiado estabelecimento remontam à época em que o pai de ambos transformou a sala de estar da casa da família em um pequeno restaurante. Os peixes preparados pelo patriarca Chicão eram famosos na cidade, apesar de o restaurante não ter sequer um nome oficial.

Aos 12 anos, Thiago dava expediente em outro empreendimento familiar, uma pizzaria, sob a supervisão da mãe. Queria seguir na carreira, mas acabou optando por ciências da computação, acreditando que o curso de gastronomia era "muito caro". Desistiu dos números quase que imediatamente: "Em dois meses vi que não era aquilo. Só comprava livro de receitas", contou. Aos 17 anos, ingressou na faculdade de gastronomia do Senac, em Campos de Jordão, e completou os estudos com um

Ricardo Amaral com Robert Halfoun

A origem da cozinha de Thiago se dá à época em que o pai dele transformou a sala de estar da casa da família em um pequeno restaurante. Os peixes preparados ali ficaram famosos, mesmo sem o lugar ter um nome oficial.

Thiago Castanho

estágio de seis meses em Portugal, supervisionado por Vítor Sobral. Segundo Thiago, "foi ele quem abriu meus olhos para a possibilidade de a comida tradicional do Pará, que eu conhecia bem desde criança, ser reinventada de uma maneira moderna, com alguma sofisticação".

Em 2007, no retorno a Belém, ousou criar um menu que atendesse a públicos distintos: o cliente local, pouco acostumado com invencionices, e os forasteiros que queriam conhecer a nova cara da cozinha amazonense. Então deu ênfase especial a peixes e carnes grelhados na brasa, complementando com a imensa variedade de ingredientes que só existem por lá, como a farinha de suruí (mandioca branca não fermentada), o puxiri (planta da família do louro, nativa do Pará), o aviú (pequeno crustáceo de água doce, parecido com o camarão) e a chicória-do-pará (erva de sabor semelhante ao coentro).

O sucesso do chef veio a reboque do interesse global pela comida amazônica. Em 2013, o Remanso do Bosque ficou no 38º lugar do ranking de melhor restaurante do continente no Festival Mistura (Lima, Peru); na época, Thiago já frequentava o circuito gastronômico da região Sudeste, como convidado para eventos e palestras. E lançou seu primeiro livro, *Cozinha de Origem*, em 2014. O livro não traz apenas receitas: relata também sua perspectiva sobre o que rotula como "amazônico-paraense"; além de reunir a coletânea de memórias sobre o aprendizado em família. "Meu pai é minha maior fonte de inspiração. Ele ensinou que, antes de inovar, é preciso saber o básico. As criações não surgem do nada."

Pérolas do chef

Entradas

Beiju, queijo do Marajó e tucumã

Chibé, vieiras e cajarana

Principais

Filhote na brasa com salada de feijão-manteiguinha e macaxeira na manteiga de garrafa

Pirarucu no leite de castanha-do-pará

Sobremesa

Mousse de chocolate com *nibs* de semente de cacau, doce de cupuaçu e *crumble* de chocolate

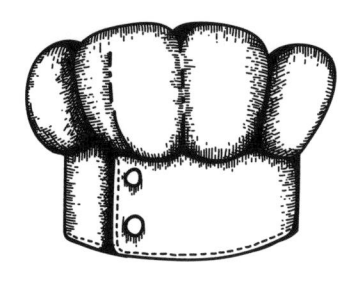

Nelsa Trombino,

referência mineira

À frente do restaurante mineiro mais premiado do Brasil, a cozinheira atravessou as últimas quatro décadas louvando, com sucesso, a cozinha clássica da sua terra.

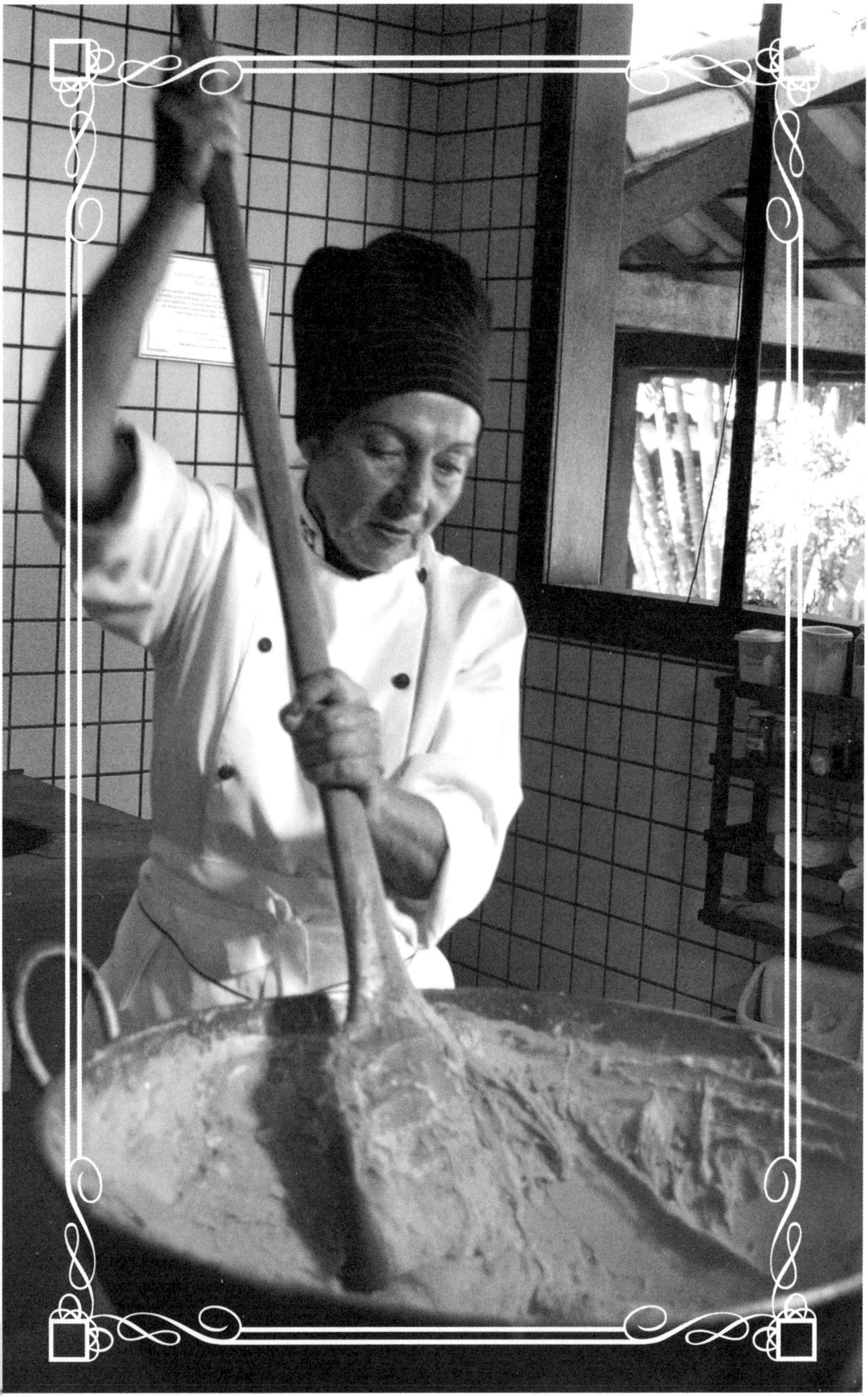

Em março de 2014, o panorama gastronômico de Belo Horizonte viveu uma transição histórica. Vinte e sete anos após inaugurar seu restaurante, o Xapuri, a chef Nelsa Trombino passou o comando da cozinha para o mais novo de seus três filhos, Nelson. Então com 75 anos de idade, Dona Nelsa passaria, a partir dali, a atuar mais nos bastidores, aprovando mudanças no cardápio e opinando sobre novas receitas. "Fazemos um trabalho artesanal e pesado, que estudantes de escolas de gastronomia não querem, nem aguentam fazer", afirmou a matriarca à imprensa, quando da passagem do bastão. À frente do Xapuri, a cozinheira atravessou as últimas quatro décadas reinventando, com sucesso, a cozinha mineira clássica. E tornou-se uma das figuras mais celebradas do circuito belo-horizontino de restaurantes.

Curiosamente, Dona Nelsa não tem raízes na tradição mineira, e sim na italiana. Filha de imigrantes que vieram da Europa fugidos, durante a Primeira Guerra Mundial, nasceu em Cubatão (SP), em 1938. Passou a infância em um sítio na Baixada Santista, onde sua mãe, Felícia, plantava, colhia e cozinhava - um amor absorvido pela filha. Na adolescência, Nelsa já reinava na cozinha da casa, demonstrando talento inato. Ela credita sua paixão pelas porções fartas, tipicamente italianas, às lembranças daquela fase. A cozinha de Minas só entraria em sua vida na década de 1950. Casou-se e foi morar na Fazenda Maracujá, de propriedade dos pais do marido, nas cercanias da cidade de Lagoa da Prata (MG).

Na enorme fazenda – vários pomares, uma fábrica própria de doces e um moinho para produzir farinha e polvilho –, Nelsa não apenas conheceu a comida da região, mas também

Ricardo Amaral com Robert Halfoun

Curiosamente, Dona Nelsa não tem raízes na tradição mineira. A cozinha de Minas só entraria em sua vida depois que casou e foi morar numa fazenda que tinha até moinho para produzir farinha e polvilho.

Nelsa Trombino

as técnicas culinárias e ingredientes. "Fiquei assustada quando vi, pela primeira vez, a cozinheira dos funcionários, mãe Maria Preta, preparar um frango", lembra. "Quando ela jogava a ave na panela, o fogo chegava quase até o teto, por causa da gordura quente." Na década de 1980, a família radicou-se em Belo Horizonte, construindo sua casa na Pampulha, próximo à lagoa que dá nome ao bairro. Nelsa não tardaria a pôr os dons culinários em prática, primeiro oferecendo almoços e pequenas reuniões apenas aos amigos, depois, inaugurando um restaurantezinho, de apenas seis mesas, para servir à vizinhança. Nascia o Xapuri, e a fama das receitas da proprietária se espalhou pela cidade. "O nome original era Atrás da Moita. Mas um tio meu sugeriu que trocássemos para Xapuri, que significa lugar bom em tupi-guarani", revelou Nelsa.

Não demorou para que a casa se tornasse referência nacional em comida mineira. Mas a chef nunca deixou de pôr a mão na massa. Além de comandar a cozinha, acordava às três da manhã para fazer compras e cuidar da horta, supervisionava a produção das linguiças artesanais e dos mais de 40 tipos de doces e compotas. – "feitos em tacho de cobre!" –, que podiam ser degustados como sobremesa ou levados para casa. Acumulava esses deveres com uma agitada agenda de viagens e eventos, inclusive no exterior, como os festivais de pratos mineiros que promoveu nos EUA e em países da América Latina.

A mudança no comando não alterou o clima rústico, o cardápio enorme e variado e as fartas porções servidas, caraterísticas do Xapuri. Muito menos o estilo acolhedor que Dona Nelsa sempre imprimiu ao serviço e à cozinha: "Faço comidinha de mãe".

Pérolas da chef

Entradas

Consomê de marisco
lambe-lambe com minitomate

Ostra nativa com
nata colonial e picles de cebola

Principais

Peixe marinado no mel
com abacate e melancia

Porco com iogurte de mandioca

Sobremesa

Sorbet de guabiroba
com jabuticaba e coco

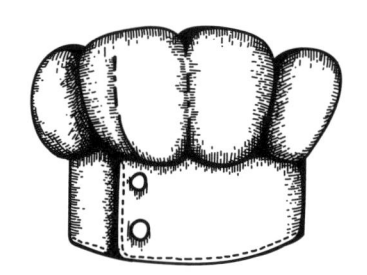

Jefferson & Janaína Rueda,

a dupla dinâmica

Ele exibe com orgulho o que chama de "origem caipira". Ela nasceu na capital. Juntos, formam um dos casais mais atuantes da culinária, numa parceria que confunde – de propósito – os limites entre o rústico e o refinado.

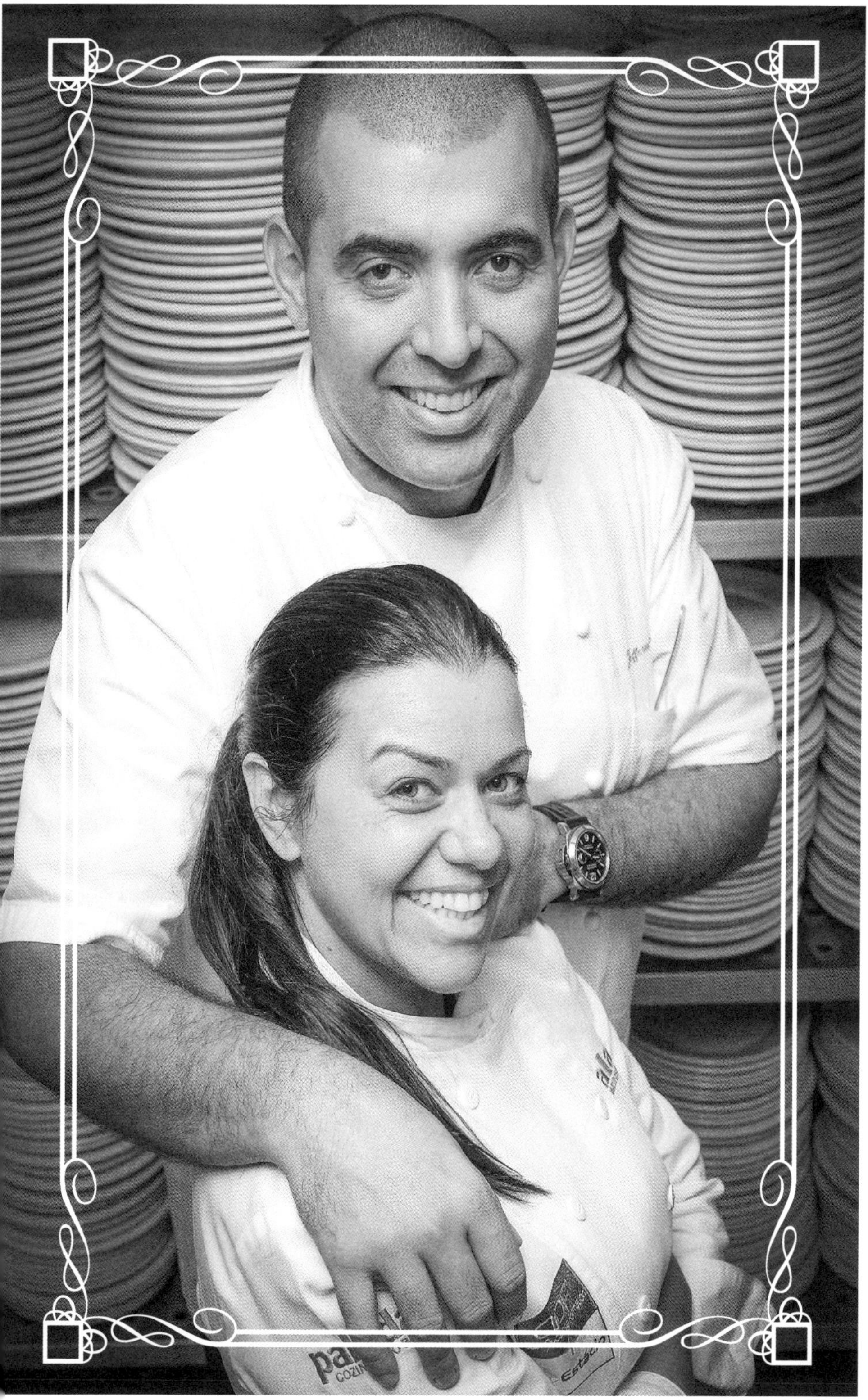

Jefferson Rueda inventou o conceito de comida "ítalo-caipira", primeiro no Pomodori, depois no Attimo e agora na Casa do Porco (com menu dedicado à carne suína). Janaína, com quem ele é casado desde 2003, toca o Bar da Dona Onça, diversas vezes premiado como o melhor de São Paulo.

Jefferson, nascido em São José do Rio Pardo (SP), cozinha desde sempre. "Comecei preparando arroz, aos 7 anos. E me criei na beira do rio. O ritmo da *slow food* é natural para mim", afirmou ele sobre sua relação com a culinária caseira e a preferência pelos ingredientes sazonais. Arrumou um empreguinho num açougue local, aos 13 anos; daí, sem dúvida, vem sua obsessão pelas carnes. Aos 17, rumou para estudar gastronomia no Senac. Depois de estagiar com Laurent Suaudeau, assumiu o Pomodori, no Itaim Bibi, onde começou a chamar a atenção com pratos vigorosos, misturando os saberes interioranos do Brasil à culinária italiana tradicional. Foi eleito Chef Revelação do ano de 2002 pela revista *Gula* – e não parou mais.

Janaína teve uma trajetória bem diferente. Conviveu desde criança com a nata da boêmia intelectual de São Paulo. Sempre teve um pezinho na cozinha, sua mãe foi chef e trabalhou com Ricardo Amaral e José Victor Oliva, mas escolheu outro caminho: especializou-se em enologia e virou consultora na multinacional Pernod Ricard. Conheceu Jefferson numa visita profissional ao Pomodori – queria convencer o chef a comparecer a um evento de vinhos. Não rolou, mas ela gostou da comida e voltou mais vezes. O próximo passo seria dado por ele.

Ricardo Amaral com Robert Halfoun

Janaína era consultora de vinhos quando conheceu Jefferson, no restaurante onde ele trabalhava. E aconteceu o encontro: "Ele me ligou do nada. A gente saiu, se beijou e nunca mais se desgrudou."

Jefferson & Janaína Rueda

"Achei superesquisito ele me ligar do nada. Sugeri que saíssemos como amigos. A gente se beijou e, depois disso, nunca mais se desgrudou", narrou ela em 2010, quando foi trabalhar com ele. Na cozinha era uma fera! E surgiu o apelido de Dona Onça.

Ela inaugurou o Bar da Dona Onça, no Edifício Copan, centrão de São Paulo, em 2008. O cardápio mistura clássicos de boteco, releituras de pratos feitos e uma seção de massas assinada por Jefferson. Quem comanda a cozinha no dia a dia é Janaína, mas o marido aparece de vez em quando para dar uma mãozinha. Enquanto o despretensioso boteco decolava, Jefferson preparava-se para voos ainda mais altos. Saiu do Pomodori em 2011, depois de um conflito com a sócia Marina Thompson. Aproveitou a entressafra para espiar as novidades que os chefs espanhóis andavam aprontando. Passou meses trabalhando anonimamente nas cozinhas dos restaurantes El Celler de Can Roca e Can Fabes (fundado por Santi Santamaria). Reciclou-se e aprendeu a usar equipamentos modernos. "Como nasci no meio do mato, tinha receio da tecnologia", confessou.

No retorno a São Paulo, Jefferson inaugurou a nova fase no Attimo, requintado restaurante italiano. Mas foi com a Casa do Porco Bar, aberto em 2015, que o chef conseguiu reunir tudo o que já fez em vinte e tantos anos de cozinha. "O porco sempre foi a minha grande paixão." Ainda sobrou fôlego para abrir o microrrestaurante Casa Rueda, um apartamento que comporta dez comensais por vez. "As pessoas interagem, cantam juntas. Em que outro restaurante isso seria possível?", defende Janaína.

Pérolas dos chefs

Entradas

Fígado acebolado com *chips* de jiló

Torresmo de barriga de porco
com goiabada crocante

Principais

Arroz de galinhada caipira
com quiabo

Porco San Zé, com tutu de feijão, *tartar*
de banana, couve e farofa

Sobremesa

Espuma de coco com baba de moça

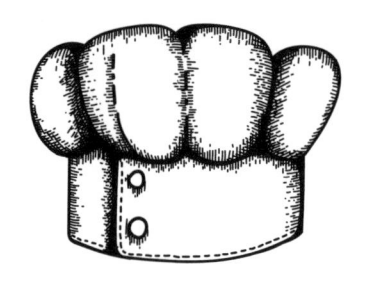

Manu Buffara,
brilho na nova geração

Ela é uma das estrelas da safra mais recente da nossa gastronomia, valorizando ingredientes regionais e sazonais e suas próprias memórias afetivo-gustativas.

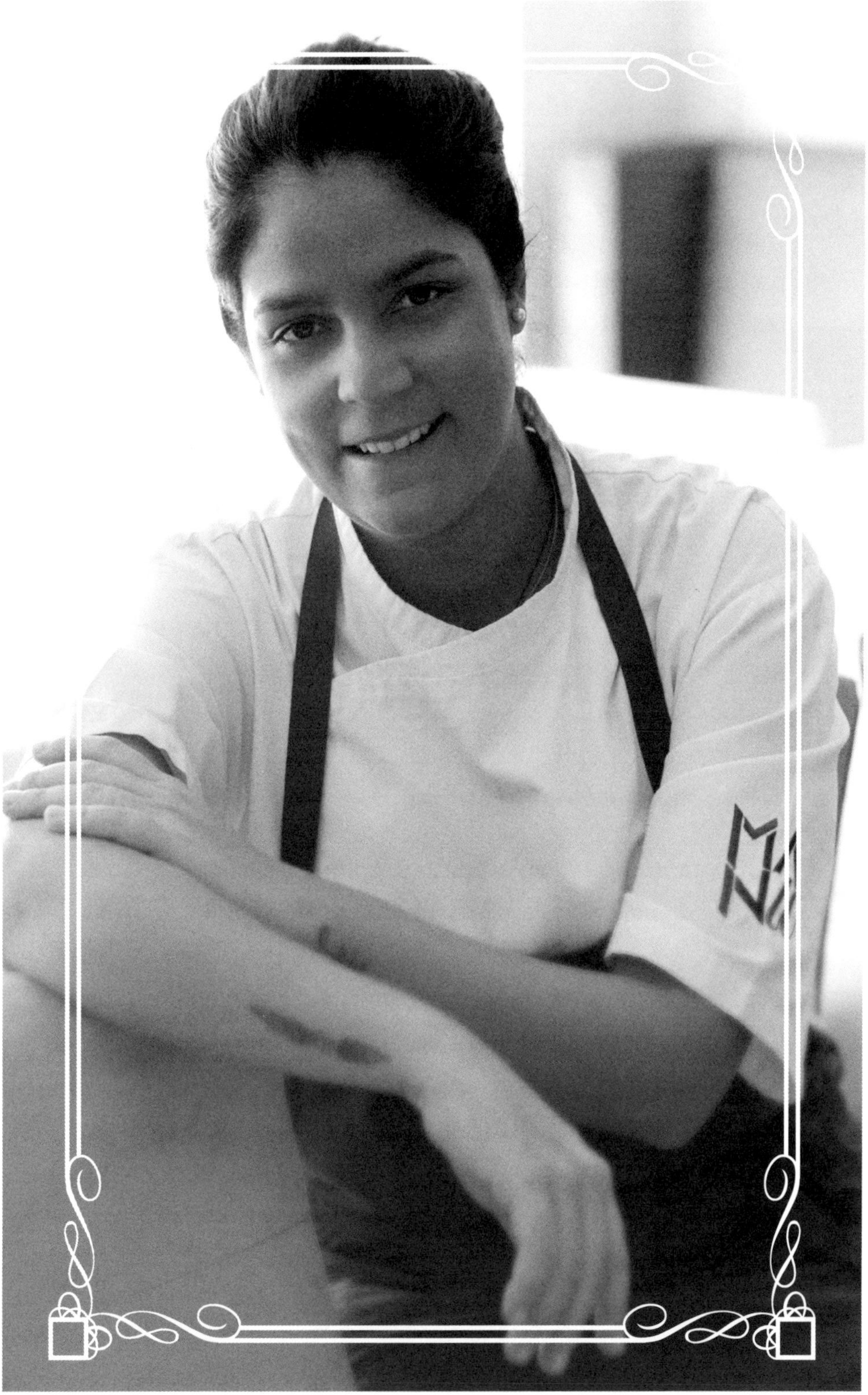

Diz o site do Manu, seu restaurante em Curitiba: "Manoella Buffara. Uma jornalista curitibana que trocou a comunicação escrita e falada pela puramente sensorial: a gastronômica". Com um foco principal, o investimento em ingredientes da estação. Tanto que a chef nascida em Maringá (PR), em 1975, arrendou uma chácara a 15 quilômetros de Curitiba e mantém uma equipe de agricultores para cultivar ervas, hortaliças e demais vegetais orgânicos usados no preparo dos pratos do cardápio já planejado em função da safra sazonal. Carnes, laticínios, peixes e frutos do mar são comprados diretamente dos produtores e pescadores, sem intermediários. Mesmo tendo afirmado, em entrevista em 2014, não gostar de sair da cozinha, a chef bate de porta em porta para descobrir os melhores fornecedores e os artigos mais frescos. "Gosto de receber os ingredientes e experimentar com eles. Meu negócio é o produto. Quanto menos modificá-lo, melhor. E é claro que prefiro o produto local, o que vem da região."

As lembranças gastronômicas primordiais de Manu vêm da comida da *nonna* italiana, uma referência que ainda a inspira. Antes de se dedicar à cozinha, formou-se em jornalismo (mais para agradar aos pais) e chegou a trabalhar como repórter de TV. Ao viajar pela Itália, iniciou os estudos de gastronomia, reviveu as memórias da infância e apaixonou-se, sobretudo, pelo respeito à pureza e à integridade dos ingredientes, marcas da cozinha italiana. Entre idas e vindas a Curitiba – onde estudou hotelaria e culinária – enfileirava uma sequência de estágios em casas estreladíssimas. Trabalhou por seis meses no Noma, em

Ricardo Amaral com Robert Halfoun

A chef bate de porta em porta para descobrir os melhores fornecedores e os artigos mais frescos. Seu negócio é o produto local. "Quanto menos modificá-los, melhor."

Manu Buffara

Copenhague (considerado por três anos consecutivos o melhor restaurante do mundo), e, em Chicago (EUA), cozinhou no Alinea, sob supervisão do *superstar* Grant Achatz.

Aos 26 anos, abriu em Curitiba o restaurante que leva o seu nome. A proposta era ousada: o único estabelecimento da cidade que só servia menu-degustação, com preços mais altos do que a média. O cardápio variava de acordo com os produtos à disposição e podia mudar de um dia para o outro. Os ingredientes, brasileiríssimos, eram submetidos às modernas técnicas que Manu conhecera em suas experiências no exterior. Itens exóticos, como o cruá (espécie de melão), o tucum (fruto de uma palmeira paranaense), o pepino-anão, a berinjela branca e a guabiroba foram alçados à condição de protagonistas.

E... deu tudo certo. Primeiro, o sucesso regional; depois os prêmios de Chef Revelação (como o do *Guia Quatro Rodas*, em 2012) e o reconhecimento pela revista *Veja* na categoria Chef do Ano. Em 2015, a casa paranaense foi eleita "o melhor restaurante do país" pela revista *Prazeres da Mesa*. Manu hoje é presença frequente em importantes eventos e mesas-redondas sobre a nova gastronomia brasileira. Nesses encontros, ao palestrar e/ou cozinhar, sempre faz questão de enfatizar sua preocupação com a valorização das matérias-primas que emprega. "Proponho uma mescla muito interessante de sabores e experiências inusitadas e com isso ganhei clientes cativos. Vamos seguir no mesmo caminho: profissionalizando, cada vez mais, a culinária paranaense e mostrando que a alta gastronomia pode ter uma cara bem brasileira, com muita criatividade e sabores bem peculiares", afirmou.

Pérolas da chef

Entradas

Consomê de marisco
lambe-lambe com minitomate

Ostra nativa com
nata colonial e picles de cebola

Principais

Peixe marinado no mel
com abacate e melancia

Porco com iogurte de mandioca

Sobremesa

Sorbet de guabiroba
com jabuticaba e coco

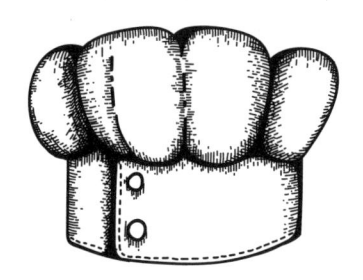

Kátia Barbosa,

viva o bolinho de feijoada

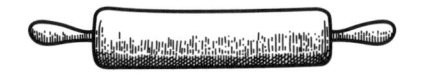

É possível entrar para a história da culinária brasileira por causa de um salgadinho? A crítica gastronômica, apoiada pela legião de admiradores da mais imbatível criação da chef, responde: definitivamente, sim!

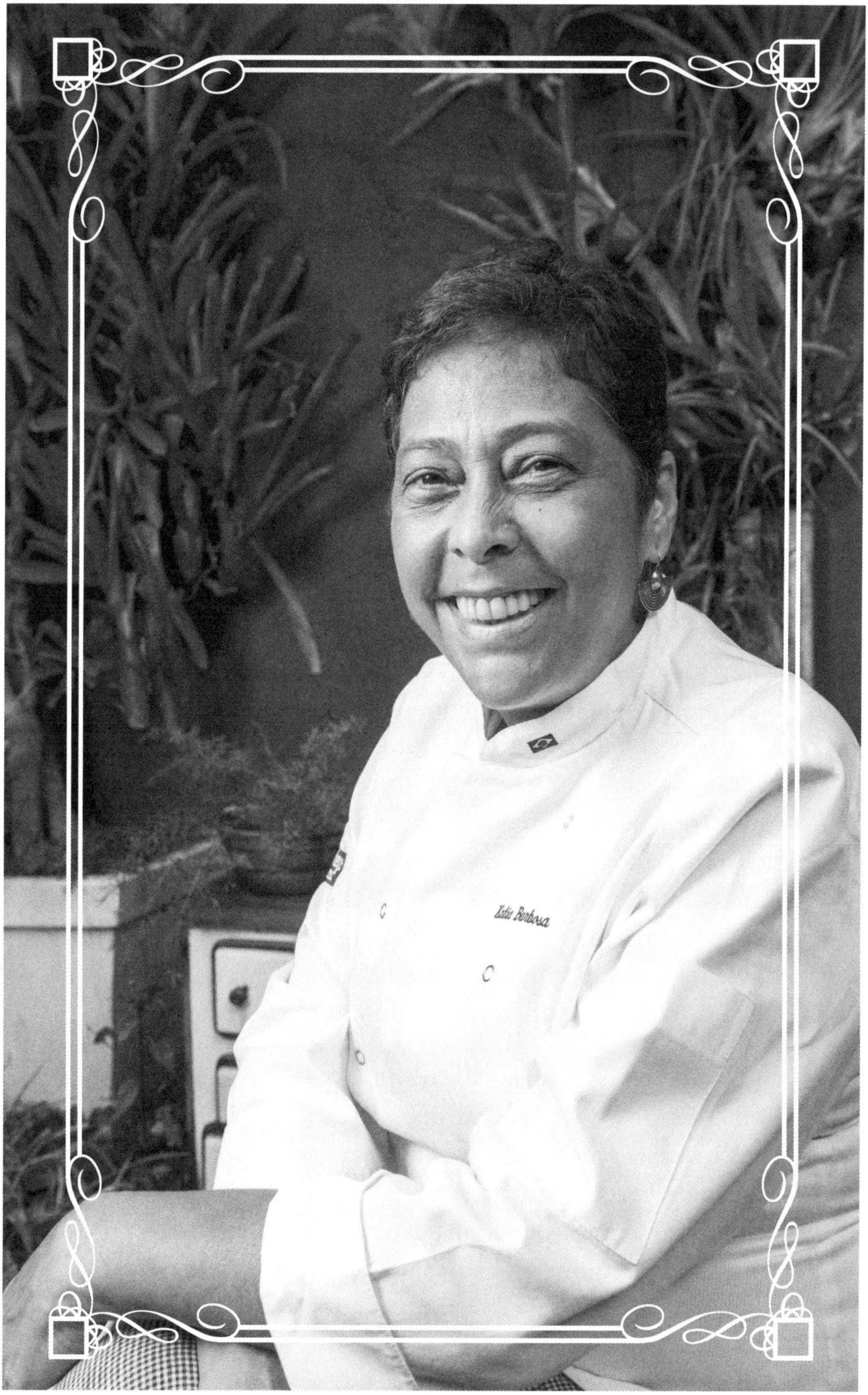
Katia Barbosa

A partir de sua casa instalada na Zona Norte do Rio de Janeiro, o Aconchego Carioca, Kátia elevou a gastronomia de boteco a um novo patamar de criatividade. O símbolo maior dessa conquista é a feijoada em forma de bolinho, síntese explosiva do prato-ícone da cozinha nacional, capturada em uma única mordida. E vai além. Com suas receitas, a chef carioca torna nobres ingredientes antes desprezados, de forma surpreendente. Missão possível, embora não seja fácil: "É difícil valorizar o jiló e fazer dele um prato especial. É difícil ensinar a alguém que aquela banana que vai estragar pode virar um prato maravilhoso", afirmou.

Filha de migrantes paraibanos, Kátia teve uma infância sem privilégios ao lado de oito irmãos, em Ramos, subúrbio do Rio de Janeiro. Começou a aprimorar os dotes culinários por necessidade: o pai vendia doces caseiros (cocadas, cuscuz e quebra-queixo) para complementar a renda familiar e Kátia era a encarregada de cortar os quitutes. Autodidata em técnicas e receitas, criou seu repertório longe de cozinhas requintadas e, em 2002, abriu o Aconchego Carioca, numa rua próxima à praça da Bandeira, não muito longe do apartamentinho onde morava. Aprendeu fazendo: "No começo, só tinha prostitutas e cachaceiros, mas botei na cabeça que tinha de dar certo. Resolvemos arriscar: começamos a melhorar a comida e a oferecer boas cervejas, para tentar melhorar o nível do público."

"O bolinho de feijoada é o resultado do carinho que mamãe tinha por nós", narrou Kátia mais de uma vez. O famoso petisco nasceu como versão *pocket* da sua igualmente celebrada feijoada. O sucesso foi tamanho que hoje versões genéricas do bolinho se multiplicaram e frequentam o cardápio de inúmeros botequins, pés-sujos ou pés-limpos. Para chegar ao formato final, a receita consumiu algumas semanas de testes,

Ricardo Amaral com Robert Halfoun

Ainda na infância, Kátia começou a aprimorar os dotes culinários por necessidade e criou seu repertório longe de cozinhas requintadas. "O bolinho de feijoada é o resultado do carinho que mamãe tinha por nós."

Kátia Barbosa

dando, segundo Kátia, "um destino muito mais interessante para aquela feijoada que iria para a geladeira". O mesmo método gerou ainda bolinhos de moqueca, de arroz com carne de sol, de rabada e o chamado PFinho: um croquete de prato feito, com arroz, feijão, ovo frito e carne moída. Mas nem só de tira-gostos vive o artesanato do Aconhego. Sem invencionices, mas com apuro impecável, o restaurante apresenta, em porções fartas, diversas releituras da culinária regional nordestina. "É a tradição nordestina de comer muito, sobrar, ficar entornando", lembra a chef que fez escola vendo a mãe cozinhar.

O primeiro fã ilustre de Kátia foi Claude Troisgros. Encantado com sua comida, passou a propagandear o Aconchego nas altas-rodas cariocas. De fã, virou amigo: Claude a incentivou a pesquisar, a viajar pelo Brasil e pelo mundo, e a manter-se atualizada com livros de gastronomia, que a chef devora sem parar. "Kátia é demais! Sabe valorizar com talento, maestria, criatividade e, principalmente, amor, os clássicos da tradição culinária brasileira. E tem a sensibilidade de transformar um produto simples, uma receita do cotidiano, em uma obra de arte", afirmou Claude.

Aplaudida pela crítica, acumulou no decorrer dos anos diversos prêmios de "melhor do Rio" na categoria de comida brasileira e/ou regional. Celebridades como Nigella Lawson e Daniel Boulud, de passagem pela capital fluminense, bateram ponto no restaurante. De tanto receber turistas vindos de São Paulo, Kátia pegou a ponte aérea e inaugurou a versão paulistana do Aconchego, reproduzindo o famoso cardápio da matriz da praça da Bandeira. Em 2015, abriu nova casa no Leblon, zona Sul carioca: a Comedoria, que acabou rebatizada de... Aconchego Carioca. E os lendários bolinhos seguem rumo à eternidade.

Pérolas da chef

Entradas

Bolinho de feijoada

Jiló do Claude (com queijo de cabra, vinagre balsâmico e mel)

Principais

Camarão na moranga

Costelinha de porco laqueada na goiabada

Moqueca de banana-da-terra

Sobremesa

Arroz-doce *brulée*

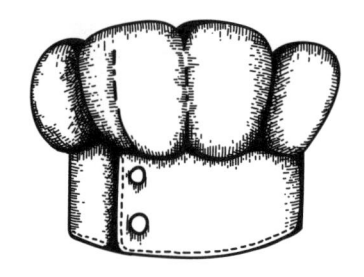

Ana Luiza Trajano,
Brasil adentro

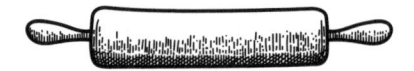

A chef despontou à frente do restaurante que se transformou numa embaixada da comida brasileira, constantemente revitalizada pelas pesquisas que ela faz de forma incansável.

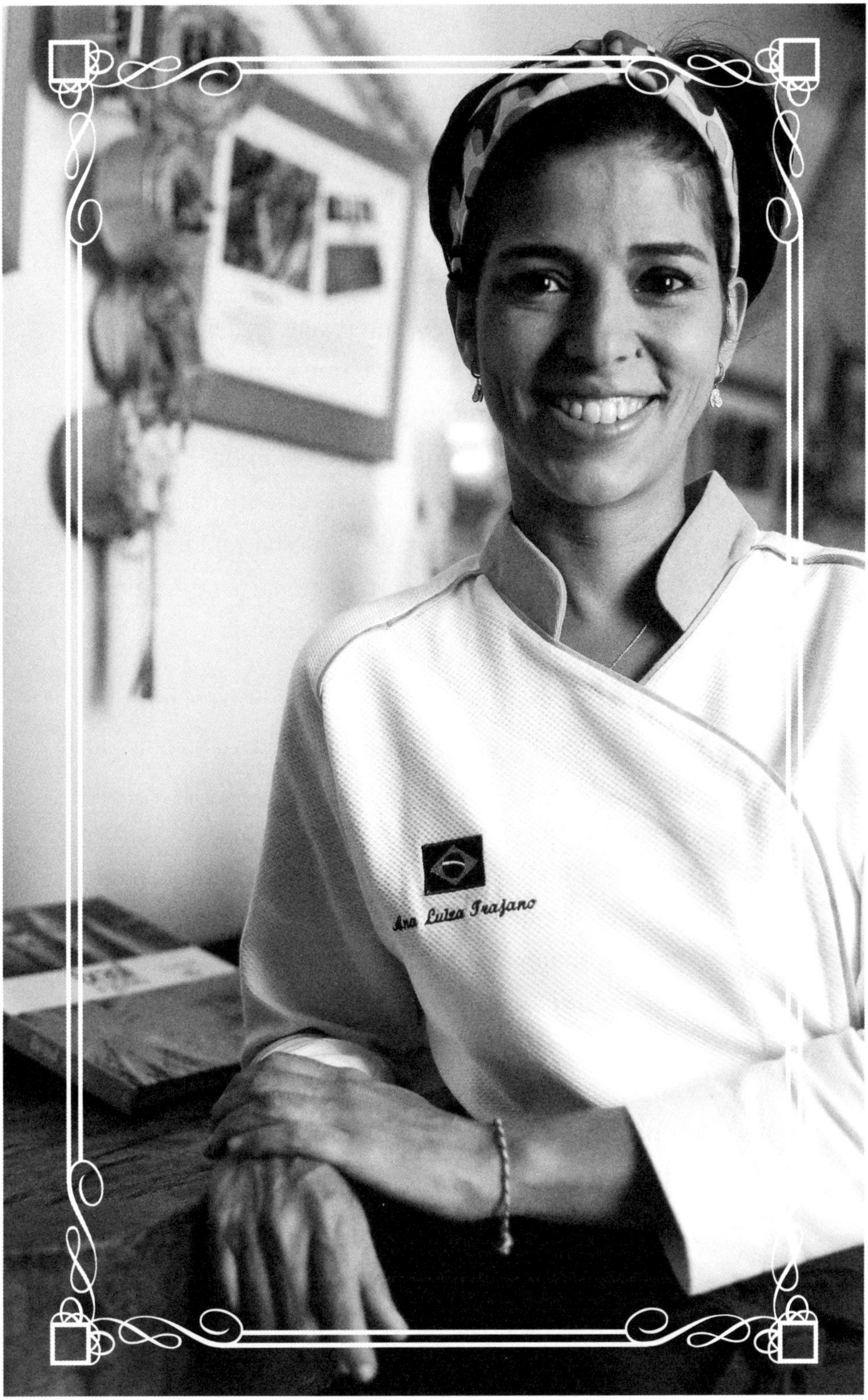
Ana Luiza Trajano

A vida da chef Ana Luiza Trajano poderia ter sido completamente diferente. Filha de Luiza Helena Trajano, dona da rede Magazine Luiza, uma das maiores vendedoras de eletrodomésticos do país, cursou administração e nem imaginava que se tornaria referência da moderna gastronomia brasileira. Quando começou a se interessar, seriamente, pela legítima culinária nacional, percebeu que nem tudo era posto na mesa: "Todo mundo sempre gostou do leitão, do picadinho e da dobradinha, mas não era uma coisa assumida. Era meio escondido, resguardada aos bastidores". À frente do Brasil a Gosto, Ana Luiza criou mais do que um restaurante: trata-se da embaixada da comida brasileira tradicional, constantemente revitalizada pelas pesquisas da chef e empresária.

Sob a influência das avós – uma mineira, outra cearense –, foi criada em meio aos mais típicos ingredientes e receitas do Nordeste , do litoroal e do sertão. Apesar de gostar de cozinhar desde criança, na hora de escolher uma carreira seguiu o rumo mais natural: faculdade de administração. Em meio aos números e tabelas, descobriu que seu negócio era mesmo a cozinha. Foi estudar gastronomia na Itália, onde viveu a epifania definitiva: "Quando vi todo aquele amor que o italiano tem em relação à pátria, com cada cidadezinha guardando seu jeito de fazer azeite ou vinho, isso me deu o *insight*: eu queria contribuir para que o nosso Brasil fosse valorizado da forma que deveria".

De volta ao Brasil, Ana Luiza se dedicou, primeiro, a entender a cozinha nacional por completo. Foram três anos de viagens, pesquisas e testes de receitas, ingredientes e métodos de

Ricardo Amaral com Robert Halfoun

Ana Luiza é filha de Luiza Helena Trajano, dona da Magazine Luiza. Foi criada em meio aos mais típicos ingredientes e receitas do Nordeste e do sertão e seguiu seu rumo natural na hora de escolher uma carreira.

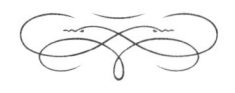

preparo. Para criar sua própria assinatura, combinou a inspiração da comida das avós com tudo o que aprendeu na escola e em campo. Entre as mais valiosas lições de administração, recorreu à visão empreendedora da mãe para abrir o Brasil a Gosto, em São Paulo, em 2006. De suas andanças, trouxe não apenas visões revitalizadas de pratos tradicionais, mas ingredientes incomuns nos grandes centros urbanos, que apresentou a uma clientela, a princípio, arredia. Inicialmente mais voltado para as regiões Norte e Nordeste, o trabalho da chef expandiu-se para outras paragens, revelando os charqueados, doces caseiros e embutidos do Rio Grande do Sul; as farinhas e os feijões que só se encontram no Acre e as receitas piauienses à base de caju, galinha-d'angola e carneiro. Tartaruga, bode, jacaré, paca, baru, produtos da Amazônia, do Pantanal, da Zona da Mata nordestina e do interior da região Sul, tudo foi retrabalhado com esmero. Logo, seu nome passou a ser citado, assim como o de Mara Salles e Helena Rizzo, quando o assunto era a vanguarda da redescoberta do(s) nosso(s) *terroir*(s) culinários.

Depois de receber prêmios (como o de Revelação de 2007, pelo *Guia Quatro Rodas*) e editar vários livros sobre suas pesquisas, Ana Luiza mudou o formato de seu restaurante pouco antes de a casa completar 10 anos. Rebatizou-o como Brasil a Gosto Experiências. Reconfigurado de forma multidisciplinar, inclui instituto de estudos sobre gastronomia, espaço para eventos, além de palco para receber chefs convidados do Brasil e do mundo. E continua fiel a seus princípios fundamentais e à pesquisa incessante. "Mantenho a essência e procuro revelar o que a nossa culinária tem de achados geniais."

Pérolas da chef

Entradas

Canapé de banana-da-terra com
queijo cremoso e geleia de pimenta

Bolinho de aipim com linguiça Blumenau

Principais

Pirarucu grelhado com
purê de banana e legumes

Costela de porco, tutu de feijão,
couve, torresmo e arroz

Sobremesa

Pudim de tapioca com calda de açaí

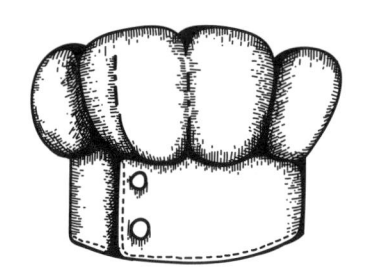

Shin Koike,

filho de peixe

Ele cresceu no mercado de peixe de Tóquio até parar na cozinha. Já no Brasil, foi denominado Embaixador da Difusão da Culinária Japonesa, com a tarefa de disseminar as tradições e o conhecimento milenar da gastronomia nipônica mundo afora.

Shin Koike

O mercado de Tskujii, no bairro homônimo de Tóquio, é o maior entreposto de venda de peixes e frutos do mar do mundo. Shin Koike literalmente cresceu em meio a seus balcões e caixotes. Quando criança, costumava acompanhar o pai nas idas ao mercadão. O hábito definitivamente influenciou sua formação. "Meu pai ia todos os dias ao Tsukiji. Então, uma vez por semana ou duas vezes por mês, eu ficava com ele. Sabia qual peixe era bom só olhando", relembrou o japonês em uma entrevista de 2012.

Nascido na capital do Japão, em 1957, e radicado em São Paulo desde 1993, Shin consolidou seu nome na gastronomia nipo-brasileira com seus dois primeiros restaurantes: A1, que funcionou entre 2003 e 2009, e Aizomê, eleito mais de uma vez como o melhor japonês da cidade pela crítica especializada. O reconhecimento a seu trabalho chegou ao mais alto patamar em 2016, quando foi escolhido pelo Ministério da Agricultura, Floresta e Pesca do Japão como Embaixador da Difusão da Culinária Japonesa. Ele foi o primeiro chef brasileiro a receber a nomeação, que o encarrega de disseminar as tradições e o conhecimento milenar da cozinha nipônica mundo afora. "É imprescindível que se mantenham as origens, tanto dos ingredientes, quanto das técnicas. Se houver muitas adaptações, perdemos a essência da milenar culinária japonesa", defendeu Shin, durante a cerimônia de nomeação.

O pai de Shin Koike era um peixeiro que, autodidata, tornou-se proprietário do restaurante Sushi Sho. "Meu pai ia todos os dias ao Tsukiji. Então, uma vez por semana ou duas vezes por mês, eu ficava com ele. Sabia qual peixe era bom só olhando", contou o chef em uma entrevista em 2012. Tendo

Ricardo Amaral com Robert Halfoun

Ao abrir um minúsculo *sushibar* em São Paulo, Shin começou a escapar dos clichês e mergulhar na variada e rica tradição de seu país. "Precisava apresentar a memória gustativa do meu povo."

Shin Koike

absorvido a experiência do pai no manuseio e escolha dos ingredientes, Shin começou sua profissionalização à moda francesa. Teve seu batismo de fogo no Escoffier, um dos mais renomados restaurantes franceses da capital japonesa. Ainda em Tóquio, foi passando por casas como o AOI, o Ranguetsu of Tokyo, o Tamayura (exclusivo para clientes japoneses), o Hanadoki e o Mosaic.

Ao chegar a São Paulo, procurou primeiro encantar o paladar brasileiro seguindo as preferências locais – sushi e sashimi. "O brasileiro não dá muito valor aos pratos quentes, muito menos aos pratos populares no Japão, como o *lámen*, *curry rice* e *robata*, que são muito saborosos", diz. Quando abriu a primeira casa própria, o A1, minúsculo *sushibar* no shopping Top Center, já tinha confiança suficiente para escapar dos clichês e mergulhar na variada e rica tradição de seu país. "Depois de uma década aqui, pensei que precisava mudar, esquecer a intenção de adaptar sabores e apresentar a memória gustativa do meu povo." Começou a chamar a atenção da crítica.

Em 2008, fundou o Aizomê, que logo de cara foi escolhido pela revista *Veja São Paulo* – por dois anos consecutivos – como o melhor japonês da cidade. Era apenas uma preparação para seu empreendimento mais ousado, o Sakagura A1. Então, consolidou suas experiências brasileiras em 2012, ao lançar o livro *A cor do sabor – a culinária afetiva de Shin Koike*, escrito em parceria com o japonês Jo Takahashi. Agora, está abrindo novo restaurante que leva seu nome, no Centro Gastronômico Vogue, na Barra da Tijuca. Um pedacinho oficial do Japão no Rio de Janeiro desenhado pelo arquiteto Pedro Paranaguá e lançado no Casa Cor Gourmet.

Pérolas do chef

Entradas

Dupla de sushi de atum
com azeite de trufa

Tempura de flor de abóbora
recheada com camarão

Principais

Peixe branco *à belle
meunière* de maracujá

Kakiague udon (*noodles* com
caldo e *tempura* de legumes)

Sobremesa

Cheesecake de *tofu*

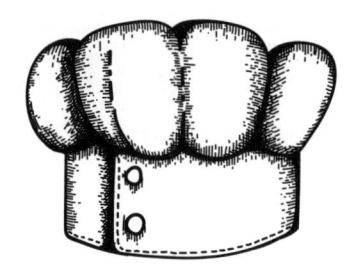

Thomas Troisgros,
o filho pródigo

Representante da quarta geração de sua família a devotar a vida à cozinha, o chef levanta voo, sob o olhar tão rigoroso quanto orgulho do pai, Claude.

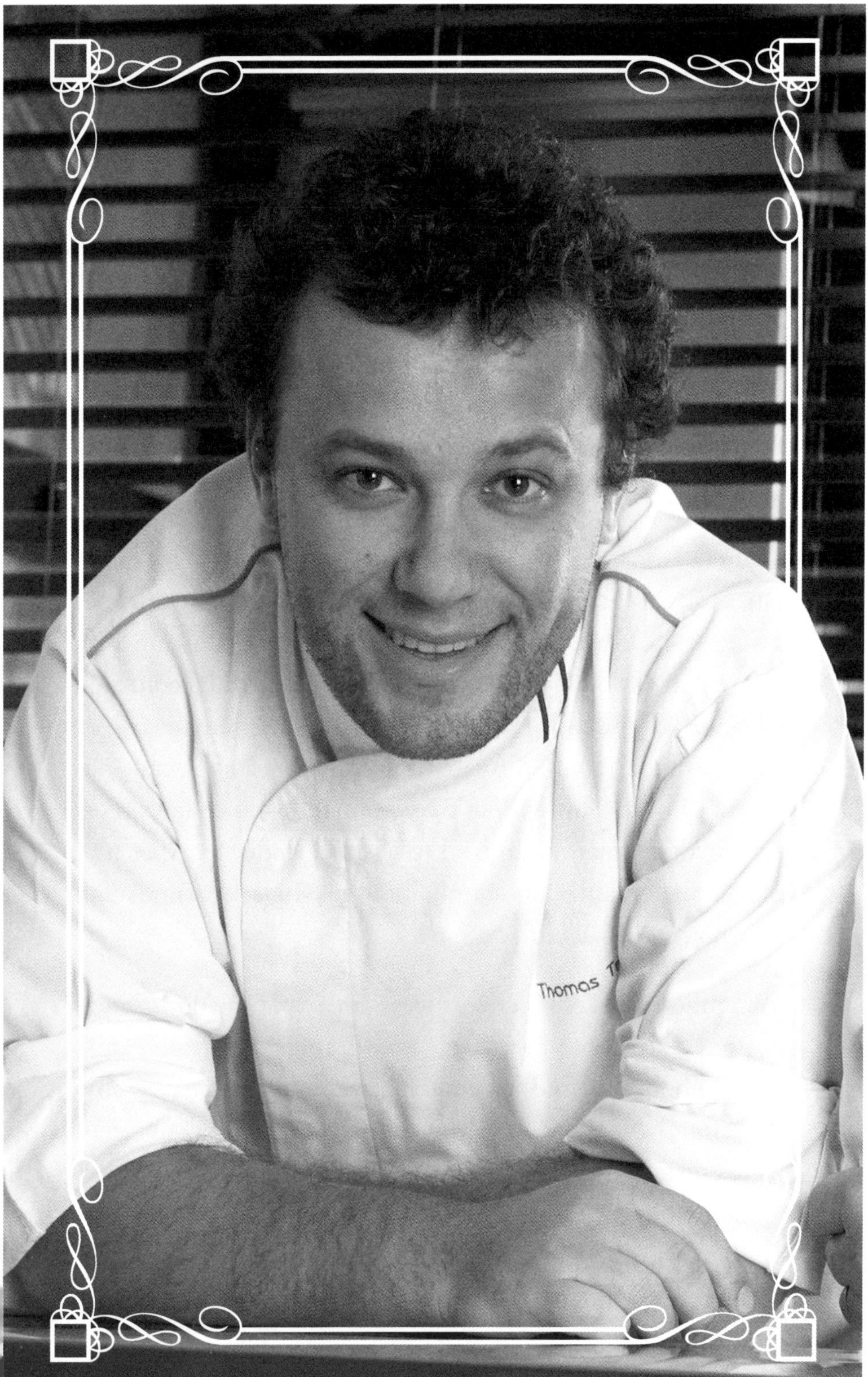
Thomas

Criado entre panelas e fogões, Thomas teve um despertar relativamente tardio para a culinária. Lembra-se sempre de uma temporada que passou na casa dos Troisgros na França, aos 10 anos, quando conviveu com o avô Pierre, grande nome da *nouvelle cuisine*. "Mas ali ele não era o grande Pierre Troisgros... era apenas meu avô." O pai procurou instigar nele a vocação, colocando o jovem para ajudar na cozinha em casa e nos restaurantes, mas somente aos 18 anos a decisão foi tomada. Embarcou para Nova York, onde foi estudar no Culinary Institute of America.

Era tão desconectado do legado da família Troisgros que se espantou ao abrir o primeiro livro didático de cozinha francesa na escola. "Lá estava uma foto com o Paul Bocuse, meu avô Pierre e meu tio-avô Jean. Tirei o jaleco, que vinha com meu sobrenome bordado, e passei as primeiras seis semanas do curso sem ele", contou. Acabou vivendo por uma década nos Estados Unidos, aprendendo e cozinhando em restaurantes como o de Daniel Boulud, o DB Bistrot Moderne. Após um estágio na Espanha, onde trabalhou no Mugaritz e no Arzak, retornou ao Brasil em 2006.

Claude estava em pleno processo de expansão dos negócios, que em 2016 contam com seis restaurantes e um ateliê culinário. Thomas define sua contribuição à parceria da seguinte maneira: "Nos EUA eu ganhei a visão empresarial: quero ter vários restaurantes bons, em segmentos diferentes, e não apenas o melhor do mundo. Quem cria é meu pai, volta e meia mudamos umas coisas, mas sempre voltamos ao jeito que ele criou." Ainda assim, o pai faz questão de incluir o filho em

Ricardo Amaral com Robert Halfoun

Quando chegou à escola de culinária, Thomas se deparou a foto do seu avô no livro didático. "Tirei o jaleco, que vinha com o meu sobrenome bordado, e passei as primeiras semanas do curso sem ele."

Thomas Troisgros

todo o processo criativo, aceitando dicas, desenvolvendo pratos a quatro mãos e pedindo sugestões de ingredientes. Às técnicas francesas clássicas de Claude, Thomas agregou o uso de aparelhos modernos e tendências contemporâneas colhidas em suas viagens.

Mesmo contando com toda a confiança do pai, Thomas sentiu que precisava de um espaço 100% desconectado da tradição do clã. Inspirado na comida de rua nova-iorquina, da qual sempre foi fã, resolveu criar uma hamburgueria. Na época, ano de 2013, o Rio de Janeiro ainda não vivia a febre de *food trucks* e restaurantes similares. Abriu o T. T. Burger, no Arpoador, investindo nos detalhes: hambúrguer com um *blend* de acém, fraldinha e contrafilé, picles de chuchu crocante, pão de batata-doce, *ketchup* de goiabada, batatas *chips* com vinagre e *milk-shake* de milho verde. Deu certo e a lojinha ganhou duas outras filiais. No mesmo ano, assumiu definitivamente o cargo de chef do Olympe, carro-chefe do grupo Troisgros, cuidando do dia a dia da casa e assumindo o trabalho criativo. O menu traz as suas criações e uma seleção dos maiores sucessos da carreira de Claude no Brasil, agora recriados com cuidado pela equipe do filho.

Pérolas do chef

Entradas

Terrine de polvo grelhado, legumes no vinagre
e mel, maionese de caldo de polvo

Salmão cru com melancia marinada
com gengibre e laranja

Principais

Leitão crocante com farofa de *panko*
com cacau e maçã fuji assada

T. T. Burguer com *chips* ao vinagre

Sobremesa

Fondant de chocolate meio amargo,
calda de frutas vermelhas

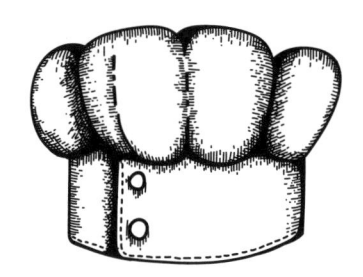

Onildo Rocha,

talento nordestino

Além de mostrar que no Rio Grande do Norte também se faz o que há de mais moderno em gastronomia, o chef traz à luz ingredientes típicos da região pouco conhecidos no país.

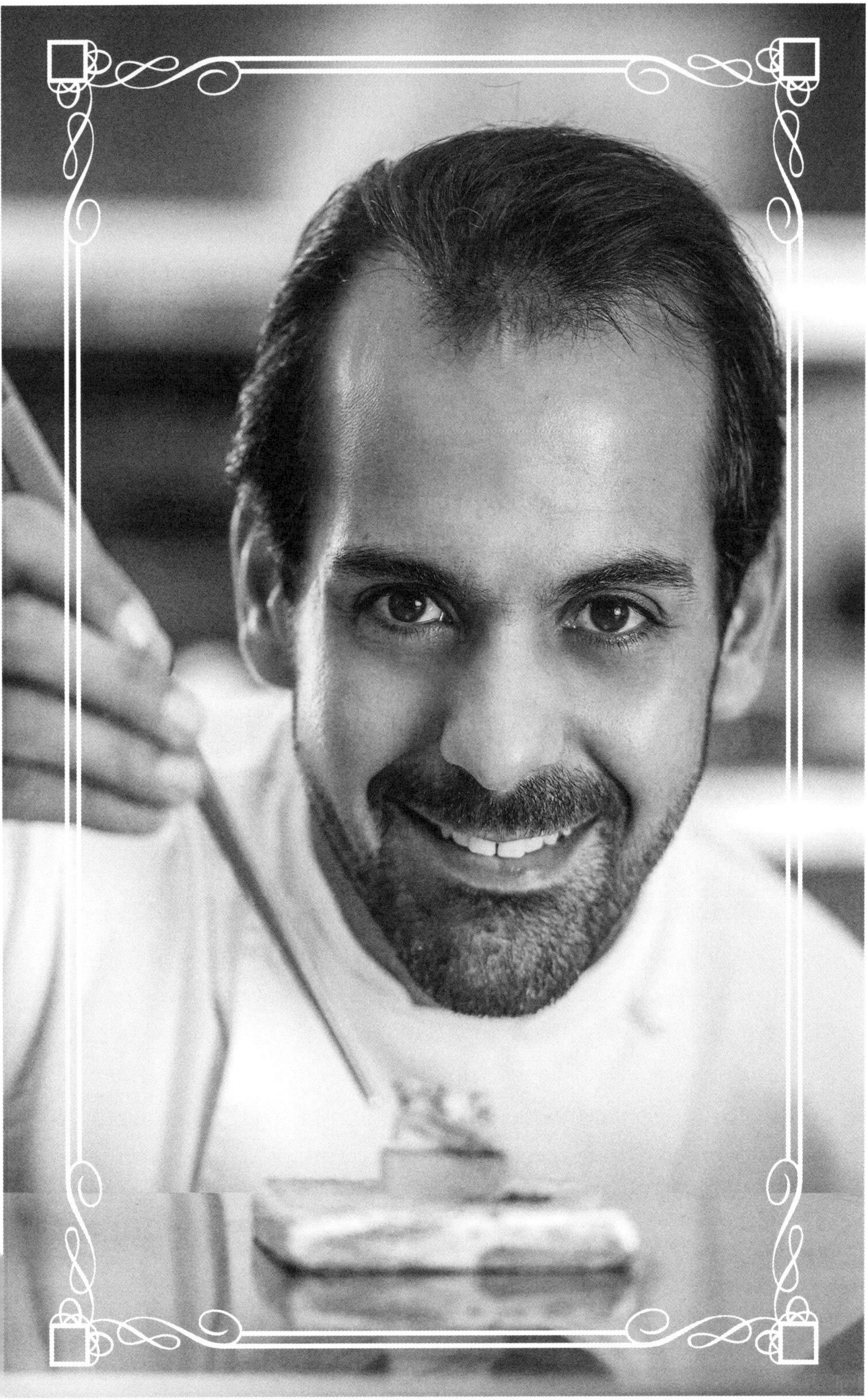

O *terroir* paraibano ainda é um relativo mistério dentro da culinária brasileira. Conhece-se bem a comida da Bahia, de Pernambuco, até do Rio Grande do Norte, mas e a da Paraíba? Pois Onildo Rocha, à frente de seu restaurante, o Roccia Cozinha Contemporânea, na capital João Pessoa, quer mudar essa história. O chef não apenas pretende mostrar que em seu estado se faz comida antenada com o que há de mais moderno em gastronomia, mas também valoriza ingredientes típicos, pouco conhecidos em outras regiões. "É todo um trabalho com meus colegas para construirmos uma identidade gastronômica mais regional", afirmou sobre sua missão.

Nascido lá em João Pessoa mesmo, Onildo passou pelo caixa antes de chegar à cozinha. Explicando: antes de iniciar a carreira como chef, primeiro fez sucesso como dono de restaurantes. Em sua família, apenas as mulheres cozinhavam. Ele se interessava por culinária ("sentia-me atraído, tinha curiosidade em saber como os pratos eram feitos"), mas não conseguia chegar perto das panelas. Formou-se como administrador de empresas e empregou seus conhecimentos criando uma pequena rede de lanchonetes instaladas em faculdades da capital. Uma coisa o levou à outra, e logo Onildo retomou o interesse pela gastronomia. Mandou-se para São Paulo, onde estudou na Universidade Anhembi Morumbi e na Escola de Artes Culinárias de Laurent Suaudeau. "A ligação do Laurent com a Paraíba era forte. Seu primeiro *maître* e *sommelier* aqui no Brasil era paraibano, e o seu braço-direito na escola também. Então eu disse: 'vou ser o terceiro paraibano da sua vida!'", contou.

Formado, Onildo não foi estagiar na Europa, nem se fixou no Sudeste. Consolidou seu estilo – contemporâneo com toques clássicos franceses – e voltou para João Pessoa. No retorno, em

Ricardo Amaral com Robert Halfoun

Na família paraibana, apenas as mulheres cozinhavam. Onildo se interessava pela culinária, mas não conseguia chegar perto das panelas. Até que foi estudar com o mestre Laurent Suaudeau, muitos anos depois.

2012, apostou numa dupla empreitada: o restaurante Roccia, instalado no Hotel Cabo Branco Atlântico, e a Casa Roccia, especializada em eventos e banquetes. "Eu tinha uma visão pessoal, um ponto de vista sobre o que é ser cozinheiro. Queria mostrar um trabalho diferenciado a João Pessoa. Uma vitória foi conseguir introduzir o menu-degustação na cidade", afirmou. Segundo Onildo, é por causa dessa visão muito particular que até hoje ele não tem um sócio operacional: "É claro que o lucro é importante, porém a qualidade vem em primeiro lugar".

E essa visão passa pela valorização das matérias-primas típicas do estado. Onildo é um dos mais destacados pesquisadores do cultivo e do preparo do arroz vermelho da Paraíba, conhecido como arroz da terra. Identificado pela associação Slow Food Brasil como ingrediente ameaçado de extinção, o cereal é a estrela de vários pratos criados pelo chef. "O fato de o arroz vermelho estar na lista da Slow Food me deixou ainda mais convicto da importância de promover seu retorno às mesas paraibanas e brasileiras", afirmou ele, que também só emprega fornecedores locais e compra vegetais e hortaliças orgânicos de pequenos produtores da região.

O paraibano organiza ainda dois eventos regulares para divulgar a comida do estado: o Na Bagagem, que traz a João Pessoa críticos gastronômicos, jornalistas e chefs de todo o país, e o Inova Gastronomia, que promove aulas-show, palestras e oficinas com especialistas e profissionais de cozinha de outros estados e do exterior. Chegou a receber seu antigo mestre, Laurent Suaudeau, com quem preparou um jantar a quatro mãos no Roccia. Um sucesso.

Pérolas do chef

Entradas

Ceviche de vieira, melão
e infusão de capim-santo

Bolinho de feijão verde recheado de carne de sol
na nata e vinagrete de pimentões

Principais

Arroz vermelho com
lagosta e vieiras grelhadas

Nhoque com massa de
vatapá e molho de moqueca

Sobremesa

Sorbet de guabiroba
com jabuticaba e coco

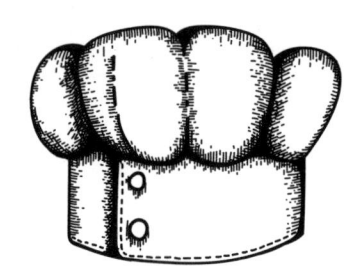

Renata Vanzetto,
tempero especial

Aos 9 anos já cozinhava; aos 16, ganhava seu primeiro prêmio como chef, apostando na fusão entre o melhor das cozinhas brasileira e tailandesa e incrementando a nossa cozinha caiçara.

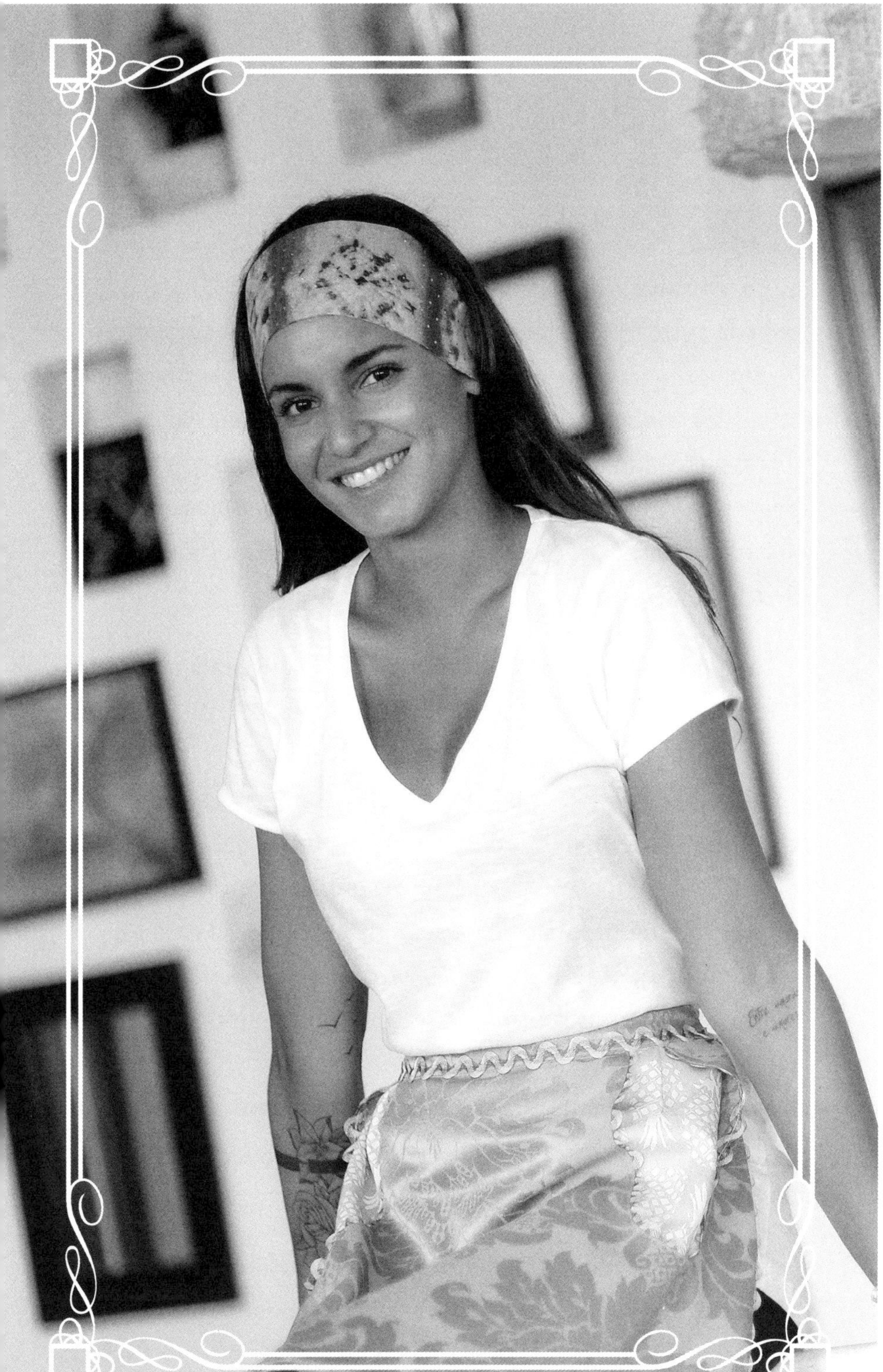

Renata passou a infância em Ilhabela, no litoral de São Paulo. Desde pequenina, esteve ligada à comida e à cozinha: levava frutas e pimentas colhidas no quintal da família para vender aos colegas do ensino primário. Com a avó materna, aprendeu a cozinhar, fazendo gemadas, bolo de fubá e brigadeiros. A coisa ficou séria mesmo quando ela, aos 13, começou a trabalhar no Kinkhao, restaurante tailandês comandado pela mãe e por uma prima. Ali, a chef foi encarregada de preparar as entradas – daí nasceu o amor pelos sabores fortes da Tailândia. Autodidata, foi aperfeiçoando sua técnica e, três anos depois, era eleita a melhor chef de Ilhabela.

Inaugurou o Marakuthai (mistura de maracutaia e *thai*) em 2007, bem ao lado do Yacht Club de Ilhabela. Antes de abrir a casa, cumpriu estágios na Brasserie Les Varietés, em Saint-Rémy, no sul da França, e no Villa Urrutia, em Tarragona, na Espanha. "Meu pai falou que eu tinha um espaço na marina dele e tinha a opção de tocar um restaurante. Comecei com um fogão em um espaço bem intimista e depois a casa foi crescendo", contou Renata. No cardápio, toda a variedade de entradinhas e pratos principais que ela foi criando e aprimorando no decorrer da adolescência: o frescor dos peixes e dos frutos do mar misturados a sabores doces como o da manga e do leite de coco, arrematados pelo calor do gengibre, da pimenta e do *curry*.

Dois anos depois da inauguração, já era aclamada pela imprensa especializada como "a veterana de 20 anos de idade". Convidada por Alex Atala para fazer um estágio no D. O. M.,

Ricardo Amaral com Robert Halfoun

Renata passou a infância em Ilhabela, no litoral de São Paulo. Desde pequenina, esteve ligada à comida e à cozinha: levava frutas e pimentas colhidas no quintal da família para vender aos colegas da escola.

recusou, para se concentrar nos próprios negócios. Mas em 2011, aceitou um convite semelhante de René Redzepi, para trabalhar por um curto período no Noma, então número um do ranking mundial da revista *Restaurant*. Aproveitou o impulso para dar vazão à veia empreendedora. Em parceria com Aline Frey, que conheceu no Noma, criou o pequeno restaurante Ema, dedicado à comida caiçara.

Também abriu filial do Marakuthai na capital, mais precisamente nos Jardins, com direto à expansão, em 2014, após criar a Marakuthai Casa, espaço onde vende móveis, aventais, camisetas, utensílios de cozinha e produtos como molhos e temperos. No mesmo ano, inaugurou em Ilhabela o MeGusta, despretensiosa casa especializada em *ceviches* à moda peruana. E Renata ainda encontra tempo para fazer aparições na TV e pensar em livros de receitas. Sobre seu trabalho, costuma defini-lo assim: "Comida une. Não separa. Jamais. Representa o povo, cada costume, cada cultura... Os chefs têm em comum o verdadeiro vício do ofício, o amor, a busca da perfeição, a adoração, a cisma, o desafio. Um caso de amor com o fogão. Ser cozinheiro é transformar o que a natureza te dá, criar sensações, arrancar suspiros, unir pessoas".

Pérolas da chef

Entradas

Tiradito (lâminas de peixe fresco com cardamomo, limão siciliano, *ciboulette* e *crisps* de batata-doce)

Salada *thai* de salmão e manga com amendoim e gengibre

Principais

Camarões e lulas com leite de coco e molho de peixe

Cubos de peixe em molho picante de *curry* verde

Sobremesa

Paradise (creme de coco com abacaxi, calda de manga e crocante de macadâmia)

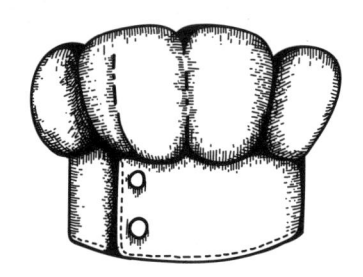

Rafael Costa e Silva,
da fazenda ao garfo

Obsessão pelo frescor e pelo orgânico. Formação técnica criteriosa, apurada em anos de experiência. Arrojo nas apresentações. Criatividade na composição dos menus. Essas são algumas das credenciais que levaram o chef à posição de um dos mais festejados cozinheiros da atualidade.

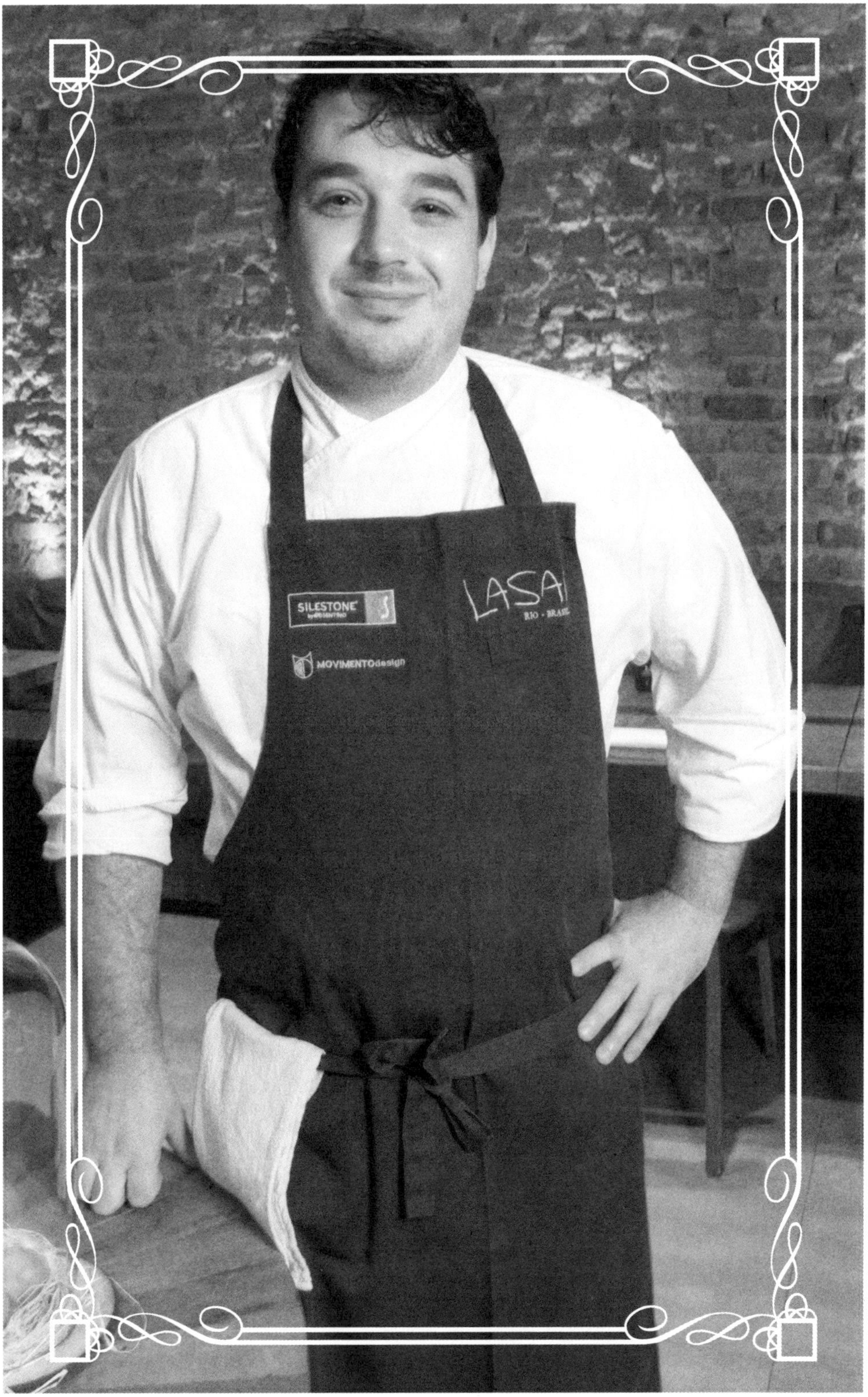
SILESTONE
MOVIMENTOdesign

À frente do Lasai, restaurante inaugurado em 2014, no bairro de Botafogo, Rio, Rafael (ou Rafa, para os muitos amigos) vem deixando críticos e comensais extasiados com seus longos menus-degustação, que podem chegar a 15 pratos. "Vejo que as pessoas estão aceitando coisas novas e nem se importam de não poderem escolher o que irão comer", destacou o chef sobre a confiança que a maior parte dos frequentadores do restaurante deposita em sua criatividade.

Rafael assumiu o conceito *from farm to fork* (da fazenda ao garfo) como cartilha básica. Traduzindo: tudo, ou quase tudo, que é servido no restaurante tem origem e traslado controlados pelo próprio chef. Ele cuida de duas hortas (uma delas com 10 mil metros quadrados, na região da serra fluminense), supervisionando o plantio e a colheita de hortaliças, ervas, frutas e legumes. Não por acaso, em seus cardápios os vegetais disputam o protagonismo com as proteínas – e, às vezes, as suplantam. Também cria galinhas caipiras, sem confinamento. O que não dá pra plantar ou criar por conta própria é fornecido por pequenos produtores, com o máximo de frescor e qualidade no produto. Entre o momento em que os peixes saem do mar e a chegada ao restaurante, não se passam mais de seis horas. As carnes vêm de pequenos pecuaristas do interior de São Paulo. "Minha criação de galinhas e a horta orgânica são fundamentais para o que eu desejo servir. Todo esse cuidado é uma forma de resgatar o verdadeiro sabor dos alimentos e incentivar a sustentabilidade da cadeia produtiva", afirmou.

A abordagem criteriosa foi moldada em anos de ensino e experiência prática no exterior. Depois de se formar em administração, ainda no Rio de Janeiro, Rafael cursou o Culinary Institute of America (CIA), em Nova York. Saiu de lá em 2003

Ricardo Amaral com Robert Halfoun

Rafael assumiu o conceito *from farm to fork* (da fazenda ao garfo) como sua cartilha básica. Traduzindo: tudo, ou quase tudo que é servido no restaurante tem origem e traslado controlados por ele.

Rafael Costa e Silva

para trabalhar no Vong, do chef Jean-Georges Vongerichten. Passou dois anos como aprendiz de Pierre Schutz e de lá saiu para o bistrô René Pujol, um dos mais tradicionais restaurantes franceses de NY. Quando deixou o estabelecimento, era *sous chef* executivo. Em 2007, encarou a inevitável peregrinação para a Espanha – a então meca da invenção culinária mundial – estabelecendo-se no Mugaritz, em San Sebastián, sob a tutela de Andoni Luis Aduriz. Quando o Mugaritz foi eleito pela *Restaurant* como o terceiro melhor do mundo, Rafael já era o chef da casa, cumprindo concorrida agenda de palestras e cursos por toda a Europa.

Sua estrela subiu ainda mais ao ser convocado, em 2012, a comandar o bufê servido à família real britânica durante as Olimpíadas de Londres. Por quatro dias, serviu pratos inspirados na culinária brasileira, mas com marcada influência do estilo espanhol contemporâneo. Todo esse prelúdio serviu para prepará-lo rumo à empreitada do restaurante próprio. Voltou ao Brasil e, sem pressa alguma, abriu o Lasai, palavra basca que significa calma. A expectativa sobre a chegada do chef era enorme, e ele correspondeu à altura. "O difícil é fazer o simples. Para isso, é preciso conhecer os sabores, dominar as técnicas e ter bons produtos. Aí, a coisa acontece naturalmente. Vou pelo instinto", resumiu Rafael sobre seu trabalho que mereceu, em 2015, uma estrela do *Guia Michelin*.

Aqueles que o conheceram como chef executivo do premiadíssimo Mugaritz, com trabalhos desenvolvidos com um dos mais festejados profissionais do mundo, Cesar Ramirez, hoje no Chef's Table at Brooklyn Fare , consideram que sua comida ainda é tímida, sem a ousadia dos mestres com quem trabalhou lado a lado. Apesar disso, o sucesso é enorme, do tamanho da lista de espera: provavelmente, a mais longa do país!

Pérolas do chef

Entradas

"Ovo" de creme de inhame,
leite de coco, gema e carne-seca

Beterraba com ricota de leite de ovelha

Principais

Beijupirá com minicenouras
em pasta de missô

Contrafilé de wagyu
com pimentão vermelho assado

Sobremesa

Duo de açaí (sorvete e bolinho)
com banana

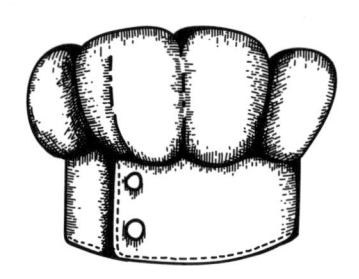

Claude
& Ricardo Lapeyre,
tal pai, tal filho

Ao chegar ao Brasil, Claude Lapeyre ganhou notoriedade ao assumir a cozinha da boate Hippopotamus. Ricardo nasceu entre as panelas e usa a tradição francesa para tornar-se um dos chefs mais falados da nova geração.

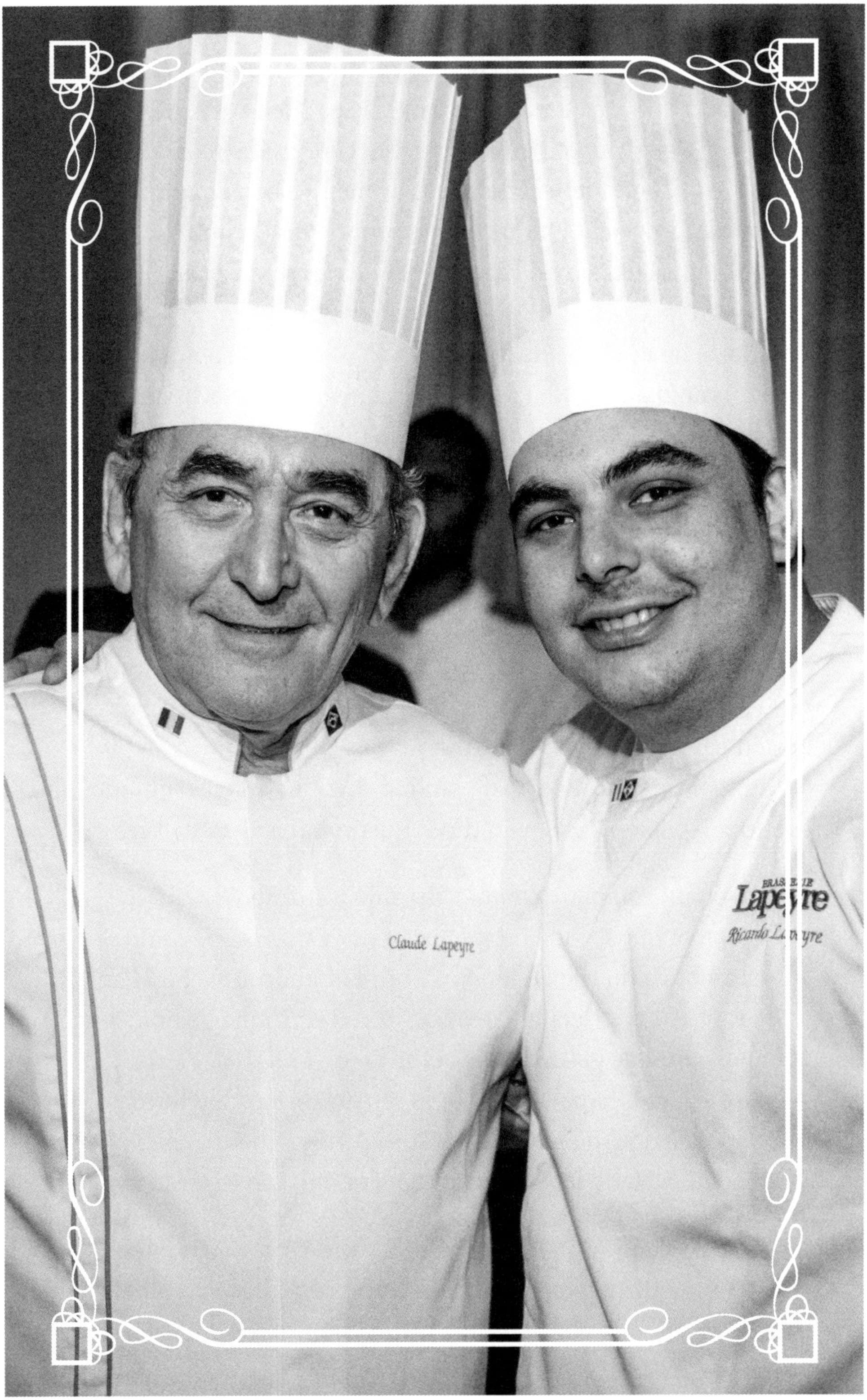
Lapeyre
Claude Lapeyre

"**S**empre quis ser cozinheiro e hoje sou professor." Claude Lapeyre usou essa frase para se autodefinir, em uma entrevista concedida em 2014. Faltou dizer que o primeiro e o mais aplicado de seus alunos foi seu próprio filho, Ricardo. Oriundo da cidade de Reims, Claude tornou-se (mais) uma das estrelas do time de chefs franceses que dominou o cenário carioca, no início da década de 1980. Hoje, seu sobrenome é sinônimo de cozinha requintada e inventiva, graças ao trabalho que realizou somado ao do filho, apontado como um dos grandes talentos da gastronomia contemporânea do Rio de Janeiro.

Claude teve uma formação clássica. Passou pela cozinha do Hotel Negresco, o maior do balneário de Nice, e pelos restaurantes mais conceituados de Paris. Mas decidiu dar a volta ao mundo cozinhando. Começou pelo México e, em seguida, veio para o Brasil, onde se tornou *sous chef* executivo do Hotel Intercontinental, no Rio de Janeiro. "Minha volta ao mundo foi curta. Apaixonei-me pelo Rio e quis voltar a viver na França."

Por aqui, em pouco tempo assumiu a cozinha do clube Hippopotamus, onde permaneceu por 25 anos operando a gastronomia do Rio de Janeiro e implantando as de São Paulo, Buenos Aires e Recife. Foi o *host* em sua cozinha de nomes importantes da gastronomia como Georges Blanc, Pierre Troisgros e Alain Chapel. Mostrando seu ecletismo, deu formato à Feijoada do Amaral. Foi no Hippo que conheceu Stellinha Valadão, filha de Jece Valadão, com quem teve Ricardo.

Fundou o próprio restaurante, batizado com seu nome, e se especializou em consultoria para bistrôs instalados em centros culturais, como o do Museu de Arte Moderna e o da

Depois de anos no Brasil, Claude Lapeyre virou professor e o filho era seu principal aluno. "Faço panqueca desde os 8 anos. Quando a galera ia acampar, era eu quem cozinhava", lembra Ricardo.

Claude & Ricardo Lapeyre

Casa França-Brasil. Em 2004, peitou um novo desafio: convidado pelo amigo Alain Jacot, tornou-se professor do curso superior de gastronomia da Universidade Estácio de Sá. Isso tudo sem descuidar da preparação de seu herdeiro, que desde criança foi estimulado a aventurar-se entre as panelas.

"Faço panqueca desde os 8 anos. Quando a galera ia acampar, era eu quem cozinhava", lembra Ricardo, nascido em 1988. A curiosidade culinária foi aguçada pelas temporadas que passava, quando garoto, na casa dos avós, na região de Champagne. Aos 17 anos, tendo concluído o ensino médio no Rio, seguiu para Paris, onde cursou a École Hôtelière de Paris (Lycée Jean Drouant). Antes dos 18 anos, conseguiu um estágio no hotel Georges V, e de lá foi convidado a juntar-se ao time de Alain Ducasse. Voltou ao Rio em 2011. Sob a tutela de Roland Villard, tornou-se *chef de partie* do restaurante Le Pré Catelan. "Todos os dias eu tinha que pensar em algo diferentes. O Roland me dava muita liberdade para criar."

O filho de Claude despontou mesmo ao assumir a cozinha do Laguiole, restaurante do Museu de Arte Moderna do Rio. A criatividade ao aplicar técnicas francesas e contemporâneas a ingredientes brasileiros lhe valeu o prêmio de Chef Revelação de 2013 da revista *Veja Rio*. Depois de deixar o Laguiole para uma curta temporada no exterior, a mesma publicação voltaria a premiá-lo em 2015, quando inaugurou a Brasserie Lapeyre, eleita como o melhor restaurante francês da cidade.

Juntos, pai e filho assumem agora a cozinha do novo Hippopotamus e mais o Bistrô Lapeyre, no Centro Gastronômico Vogue, na Barra da Tijuca. Uma bela consolidação de trabalhos de sucesso!

Pérolas dos chefs

Entradas

Seleção de charcutaria
(*terrines, rillette* de porco e pato defumado)

Pressé de *foie gras* com peras

Principais

Cavaquinha com risoto
de quinoa e *beurre blanc* com leite de coco

Pato *confit* com batata,
cogumelos e cebola caramelizada

Sobremesa

Eclair de café

Bibliografia

ANUNCIATO, Ofélia. *Ofélia, o sabor do Brasil.*
São Paulo: Editora Melhoramentos, 1996.

APICIUS. *Confissões íntimas.* Rio de Janeiro: Editora José Olympio, 1986.

ATALA, Alex; CHAGAS, Carolina Chagas.
Escoffianas brasileiras. São Paulo: Larousse, 2008.

BOCUSE, Paul. *A cozinha de Paul Bocuse.* Rio de Janeiro: Record, 2002.

BUENO, Eduardo. *A viagem do descobrimento:
a verdadeira história da expedição de Cabral.* São Paulo: Objetiva, 1998.

CASCUDO, Luís da Câmara. *História da alimentação no Brasil.*
São Paulo: Companhia Editora Nacional, 1967.

CRATO, Maria Helena T. *Cozinha portuguesa. Lisboa:* Editorial Presença, 1979.

FONSECA, Leonardo & CAMARGO, Luiz Octávio de Lima. *Hospitalidade,
migração e gastronomia: a família Marino e o restaurante Carlino.*
Florianópolis: Editora Uesc, 2013.

FRIEIRO, Eduardo. *Feijão, angu e couve.* Belo Horizonte: Itatiaia, 2008.

HEMMING, John & MOURA, Carlos Eugenio Marcondes de.
Ouro vermelho: a conquista dos índios brasileiros. São Paulo: Edusp, 2008.

JORDAN, André. *O Rio que passou
na minha vida.* Rio de Janeiro: Leo Christiano Editorial, 2006.

LIMA, Constança Oliva de. *A doceira brasileira.*
Rio de Janeiro: Laemmert & Co, 1851.

PEDREIRA, Jorge & COSTA, Fernando Dores. *D. João VI:
um príncipe entre dois continentes.* São Paulo: Companhia das Letras, 2008.

PINTO E SILVA, Paula. "A cozinha da colônia". *Nossa História. São Paulo, ano 3,
n° 29, p. 20-23, março de 2006.*

QUERINO, Manuel. *A arte culinária na Bahia.*
São Paulo: WMF Martim Fontes, 2011.

R. C. M., *O cozinheiro imperial ou Nova arte do cozinheiro
e do copeiro em todos os seus ramos.* Rio de Janeiro: Laemmert & Co, 1840.

SALLES, Paulo, *Cozinheiro nacional.* Rio de Janeiro: Garnier, 1885.

SCHREIBER, Milagros del Carmen Joseph de.
A gastronomia teuto-brasileira em Blumenau e Pomerode.
Balneário Camboriú: Univali, 2006.

Todos os esforços foram envidados para garantir
o devido crédito aos detentores de direitos autorais.
No caso de um detentor se identificar, faremos
com prazer constar o crédito nas impressões
e edições seguintes.

Dados Internacionais de Catalogação da Publicação (CIP)

A517h   Amaral, Ricardo
            Histórias da gastronomia brasileira: dos banquetes de
      Cururupeba a Alex Atala / Ricardo Amaral, Robert Halfoun. –
      Rio de Janeiro: Rara Cultural, 2016.
      410 p. : il.; 23 cm.

      ISBN 978-85-67863-05-4

      Gastronomia – História. 2. Preparação de alimentos – Brasil.
  I. Ricardo Amaral. II. Robert Halfoun. III. Título.

                                              CDU 641.5(091)(81)

1ª edição Maio de 2016

Papel de miolo
Off Set 90 g/m²

Papel de capa
Cartão Supremo 250g/m²

Tipografia
Abril Fatface
Fanwood

Impressão
Pancrom